BIBLIOTHÈQUE

DES ÉCOLES CHRÉTIENNES

VIE

DE

SAINT FRANÇOIS DE SALES

ÉVÊQUE ET PRINCE DE GENÈVE

INSTITUTEUR DE L'ORDRE DE LA VISITATION DE SAINTE-MARIE

PAR

M. DE MARSOLLIER

NOUVELLE ÉDITION

Revue, notablement abrégée, et augmentée d'une notice sur la translation
des reliques de saint François de Sales et de sainte Chantal
à Annecy, en 1806 et 1826.

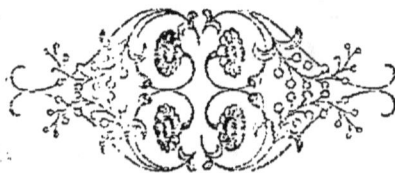

TOURS

A. MAME ET Cie, IMPRIMEURS-LIBRAIRES

BIBLIOTHÈQUE

DES

ÉCOLES CHRÉTIENNES

APPROUVÉE

PAR Mgr L'ÉVÊQUE DE NEVERS.

Françoise de Sales se rend à la cour de France.

VIE

DE

St. FRANÇOIS DE SALES

Évêque et Prince de Genève

PAR

M. de Marsollier

Vous vous méprenez, mes amis, il n'y a pas apparence que vous en vouliez à un homme qui donnerait de tout son sang le sien le jour vous.

Tours

Ad. Mame & Cie

ÉDITEURS.

VIE

DE

SAINT FRANÇOIS DE SALES

ÉVÊQUE ET PRINCE DE GENÈVE

INSTITUTEUR DE L'ORDRE DE LA VISITATION DE SAINTE-MARIE

PAR

M. DE MARSOLLIER

NOUVELLE ÉDITION

Revue, notablement abrégée, et augmentée d'une notice sur la translation
des reliques de saint François de Sales et de sainte Chantal
à Annecy, en 1806 et 1826.

———◦◦◦———

TOURS

Ad MAME ET Cie, IMPRIMEURS-LIBRAIRES

1846

LIVRE PREMIER.

François de Sales naquit le 21 du mois d'août de
l'an 1567, au château de Sales, d'une des plus nobles
et des plus anciennes maisons de la Savoie. Il eut
pour père François, comte de Sales, et pour mère
Françoise de Sionas, tous deux d'une naissance également illustre, mais beaucoup plus considérables
par la vertu et par la piété dont ils faisaient profession. François, comte de Sales, était un gentilhomme d'une probité des premiers temps, d'une
bonne foi qui allait jusqu'au scrupule, d'une exac-

1

titude pour tous les devoirs du christianisme qui
avait peu d'exemples, d'une droiture de cœur à l'é-
preuve de la corruption de son siècle, et d'un zèle
pour la foi catholique d'autant plus rare en ce temps-
là, que le calvinisme, qui ne faisait que de naître
et qui s'était établi dans Genève comme dans son
centre, passait pour une secte commode et pour la
religion des beaux esprits. Françoise de Sionas joignait à toutes ces qualités une piété tendre et affec-
tive, une chasteté exacte, une modestie des plus
rares et un amour singulier pour la retraite.

Mais entre les vertus qui les faisaient également
chérir de Dieu et des hommes, il y en avait une qui
éclatait par-dessus toutes les autres, et qui leur
attira depuis toutes les bénédictions dont Dieu combla leur sainte famille : c'est l'inclination toute particulière qu'ils avaient à faire l'aumône. Ils prati-
quaient à l'envi cet avis de l'Écriture sainte, si
nécessaire aux personnes engagées dans le monde
et dans le mariage : « Ne détournez jamais vos yeux
« de dessus le pauvre, de peur que Dieu ne dé-
« tourne les siens de dessus vous. Si vous avez
« beaucoup de biens, donnez beaucoup : si vous en
« avez peu, donnez de bon cœur ce que vous pou-
« vez. »

La comtesse de Sales était encore dans les premiers mois de sa grossesse, lorsque la duchesse de
Nemours, qui avait épousé en premières noces le
duc de Guise, arriva à Annecy, accompagnée des
cardinaux de Lorraine et de Guise, et d'un grand
nombre de seigneurs et de dames de la cour de
France. Le rang que la comtesse tenait dans la province l'obligea de s'y rendre pour lui faire sa cour.

Elle ne songeait qu'à s'acquitter de ce devoir, lors-qu'on apporta le saint Suaire de Chambéry à Annecy. A la vue de ces marques encore toutes sanglantes de l'amour de Dieu pour les hommes, la comtesse de Sales se sentit pénétrée d'une dévotion tendre et sensible qu'elle n'avait point encore ressentie : à l'exemple d'Anne, mère de Samuel, elle répandit son cœur devant le Seigneur; elle lui offrit l'enfant qu'elle portait dans son sein; elle le pria d'en être le père, de le préserver de la corruption du siècle, et de la priver plutôt du plaisir et de l'avantage de se voir mère, que de permettre qu'elle mît au monde un enfant qui, en perdant la grâce de son baptême, fût assez malheureux pour devenir un jour son ennemi.

La comtesse s'en retourna chez elle pleine d'une sainte confiance que Dieu avait accepté l'offre de son enfant; elle le regarda comme un dépôt qu'il lui avait remis entre les mains, et dont elle devait lui rendre compte. Il vint au monde quelque temps après son retour d'Annecy, et reçut le baptême dans l'église de Torens.

Ce précieux enfant ne répondit pas seulement aux soins de sa vertueuse mère, il surpassa de beau-coup ce qu'elle pouvait en attendre. Il entendait la messe, faisait ses prières avec un recueillement et une dévotion qui n'étaient point de son âge : tous ses plaisirs consistaient à orner de petits oratoires et à représenter les cérémonies de l'Église. La mo-destie et la sincérité régnaient dans ses actions et dans tous ses discours; et lorsqu'il commettait de ces petites fautes qui sont ordinaires aux enfants, il aimait mieux en être puni que d'éviter le châti-

ment par un mensonge. Sa charité envers les pauvres avait dès lors quelque chose de singulier : il ne
se contentait pas d'exécuter fidèlement toutes les
petites commissions que sa mère lui donnait pour
leur soulagement, il demandait pour eux à tous ses
parents, il leur donnait généreusement tout ce qu'il
recevait pour lui-même, et il retranchait de sa
nourriture quand il n'avait point d'autre moyen de
les assister.

A l'âge de six ans, il fut envoyé à Rocheville, et
bientôt après à Annecy, qui n'est éloigné que de
trois grandes lieues du château de Sales.

Le progrès qu'il fit dans les sciences répondit à
celui qu'il avait fait dans la piété : il ne perdit rien
de ce qu'il avait appris sous la discipline de sa vertueuse mère, et sut en peu de temps tout ce que
ses maîtres étaient capables de lui enseigner. On
remarqua dès lors en lui un jugement solide, une
excellente mémoire, de grandes dispositions pour
l'éloquence, un goût particulier pour le choix des
bons auteurs, et toutes ces rares qualités qui en
firent depuis un des plus savants aussi bien qu'un
des plus saints prélats de l'Église. De si heureuses
dispositions, secondées d'un travail assidu et d'une
application capable de faire réussir un génie moins
propre aux sciences que le sien, firent juger au
comte de Sales qu'il ne pouvait plus que perdre son
temps à Annecy, et le firent résoudre à l'envoyer
achever ses études à Paris, au collège de Navarre.

François venait de recevoir la tonsure aux Quatre-
Temps de septembre de l'an 1578, lorsqu'il apprit
de la comtesse sa mère l'intention qu'on avait : il
répondit qu'il n'aurait jamais d'autre volonté que la

sienne et celle de son père, mais qu'il la suppliait
de changer quelque chose à ce dessein, et d'obtenir qu'on l'envoyât à celui que les Pères de la Compagnie de Jésus avaient établi depuis peu à Paris,
ajoutant qu'elle savait encore mieux que lui la réputation qu'avaient ces religieux d'élever la jeunesse
également bien dans la piété et dans les sciences.

La comtesse de Sales avait trop de vertu pour ne
pas goûter les raisons de son fils : elle en parla au
comte, et l'on résolut de l'envoyer au collége des
Jésuites. La comtesse de Sales était d'autant plus
occupée à instruire son fils, qu'elle était près de le
perdre pour longtemps ; elle lui répétait souvent
ces paroles que la reine, mère de saint Louis, avait
coutume de lui dire : « Dieu m'est témoin, mon fils,
combien vous m'êtes cher ; mais j'aimerais mieux
vous voir mort devant mes yeux, que d'apprendre
que vous eussiez commis un seul péché mortel. »
Elle s'appliquait surtout à lui inspirer pour Dieu un
amour tendre et plein de confiance ; elle l'accoutu-
mait à le regarder comme son véritable père. « Quoi
qu'on en puisse dire, lui disait-elle, ce n'est pas moi
qui vous ai donné la vie : je ne suis votre mère que
parce qu'il a plu à Dieu de se servir de moi pour
vous mettre au monde. Il est vrai que vous avez été
formé dans mon sein ; mais je ne vous ai donné ni
ces membres, ni ce sang qui coule dans vos veines,
ni ces esprits qui vous font mouvoir, et beaucoup
moins cette âme spirituelle et immortelle, qui vous
rend capable d'un bonheur éternel : c'est Dieu,
mon fils, qui vous a fait ce que vous êtes ; c'est lui
qui vous conserve, c'est de lui que vous devez tout
attendre. »

Le temps de son départ étant arrivé, il partit pour Paris sous la conduite de Jean Déage, prêtre également habile et prudent. Il se mit sous la conduite d'un directeur habile : il lui donna toute sa confiance, et ne fit rien de conséquence sans le consulter. Il n'ignorait pas que si l'on a besoin d'un guide quand on voyage dans un pays inconnu, il est d'autant plus nécessaire quand on s'engage dans le chemin du ciel, qu'il est sans comparaison plus difficile, qu'on y rencontre plus d'obstacles, et que nous avons en nous-même des sources d'égarements dont il n'est pas aisé de se défendre. Il s'attacha par son conseil à la lecture de l'Écriture sainte ; il en faisait ses plus chères délices, et ce fut dans l'unique vue de s'y rendre habile, qu'il apprit avec un travail incroyable la langue hébraïque, qui en effet n'a presque point d'autre usage que l'intelligence de ce livre tout divin ; il joignit à cette lecture celle du livre du *Combat spirituel*. Il était assidu à la prédication ; il cherchait la compagnie des personnes vertueuses ; il se plaisait surtout dans celle du Père Anne de Joyeuse, qui, admirant, de son côté, sa pureté et l'innocence de son cœur, n'avait point à son tour de plus grande joie que de s'entretenir avec lui ; il lui inspirait le mépris du monde avec d'autant plus d'efficace qu'ayant joui lui-même de tout ce qu'il y a de plus attachant, il avait su le mépriser, et qu'il pouvait parler mieux que personne de cette paix du cœur qu'il n'avait jamais rencontrée ni dans les grandeurs, ni dans les plaisirs, ni dans ce que le monde a de plus capable de séduire. Il lui disait souvent qu'il n'y avait rien de plus contraire à la pratique de la vertu qu'une vie molle et oisive ; que la vie pénitente n'était pas seulement nécessaire pour réparer les péchés commis, qu'elle était encore infiniment utile pour conserver l'innocence; que, supposé le furieux penchant qu'ont les hommes d'abuser de leur liberté, il était souvent avantageux de s'en priver, et que c'était ce qui l'avait obligé de quitter le monde avec éclat, pour n'être plus en état de s'en dédire.

Ces entretiens du frère Ange lui firent concevoir le dessein de faire le vœu d'une chasteté perpétuelle : il l'exécuta dans ce même temps dans l'église de Saint-Étienne-des-Grés, où il faisait volontiers ses prières, parce que c'est un lieu peu fréquenté et très-propre au recueillement. Là, prosterné contre terre, après avoir longtemps gémi devant Dieu avec une ferveur extraordinaire, il le pria d'agréer que, suivant le conseil de son Apôtre, il renonçât pour toujours au mariage, qu'il daignât recevoir le sacrifice qu'il lui faisait de son corps, comme il lui avait fait la grâce de recevoir celui de son cœur, et de lui accorder le secours dont il avait besoin pour persévérer dans une si sainte résolution. Il se mit ensuite sous la protection particulière de la sainte Vierge : il la pria d'être son avocate auprès de Dieu, et de lui obtenir les grâces sans lesquelles on ferait, avait-il appris des divines Écritures, de vains efforts pour garder la continence. Depuis qu'il eut fait ce vœu, il prit la résolution de communier tous les huit jours : il crut que ce pain céleste serait sa force, et que ce vin, qui fait germer les vierges, soutiendrait sa faiblesse contre tous les efforts de ses ennemis.

Il croyait qu'ils l'attaqueraient par ce même en-

droit dont il venait de leur fermer l'entrée : la tentation vint du côté qu'il ne l'attendait pas. D'épaisses
ténèbres se répandirent insensiblement sur son esprit; le trouble s'empara de son cœur ; une agitation violente succéda tout d'un coup à cette paix
profonde dont il avait joui jusque alors : le dégoût
pour tout ce qui avait accoutumé de faire les chastes
délices de son cœur, suivit cette agitation. La sé-
cheresse survint sur ce dégoût, et le rendit insensible à tout ce qu'il pouvait lire ou entendre de plus
touchant. Dieu, qui s'était retiré au fond de son
cœur, en avait abandonné pour ainsi dire tous les
dehors à la tentation. L'ennemi de notre salut, que
l'Écriture sainte nous représente tantôt comme un
lion qui nous attaque avec violence, tantôt comme
un serpent qui tâche de nous séduire par ses ruses,
profita de cette occasion; il lui persuada que tout
ce qu'il faisait pour se rendre agréable à Dieu lui
était inutile, que sa perte éternelle était résolue,
et qu'il l'avait mis au nombre des réprouvés. Le
jeune comte fut saisi de toute la frayeur que la per-
suasion de la damnation est capable de produire
dans une âme qui craint Dieu et qui s'est longtemps
flattée de l'espérance de le posséder. Comme il
avait pour lui un amour plein de tendresse, il mourait de douleur toutes les fois qu'il pensait qu'il
était destiné à le haïr et à le blasphémer pendant
toute l'éternité, et il y pensait presque toujours. La
crainte de l'enfer, l'agitation de son esprit et le
trouble de son cœur le jetèrent enfin dans une mé-
lancolie profonde dont rien n'était capable de le
tirer ; il passait les jours à pleurer et les nuits à se
plaindre. Son corps, quoique robuste, succomba à
la fin sous une si rude épreuve.

Son précepteur ne savait que penser de l'état pitoyable où il le voyait réduit. Il en cherchait en vain la cause, et la lui demandait inutilement : la honte que le jeune comte en avait lui-même l'avait fait la cacher ; et rien ne lui paraissait plus terrible que d'être contraint d'avouer qu'il était un réprouvé.

Mais Dieu, qui n'avait permis que le jeune comte fût tenté que pour l'éprouver, lui inspirer la défiance de ses forces et le fortifier dans l'humilité si nécessaire pour la conservation de la sainteté éminente à laquelle il était appelé, le délivra lui-même, sans le ministère des hommes, de cette furieuse tentation. Il lui inspira le dessein de retourner dans la même église de Saint-Étienne-des-Grés, où il avait voué à Dieu sa chasteté. Le premier objet qui le frappa fut un tableau de la sainte Vierge. Cette vue réveilla la confiance qu'il avait toujours eue en sa puissante intercession auprès de Dieu : il se prosterna contre terre, et se reconnaissant indigne de s'adresser directement au Père des miséricordes, au Dieu de toute consolation, il la pria d'être son avocate auprès de lui, de lui procurer la délivrance du mal dont il était accablé, et de lui obtenir de sa bonté que, puisqu'il était assez malheureux pour être destiné à le haïr éternellement après sa mort, il pût au moins l'aimer de tout son cœur pendant sa vie. Une prière si éloignée des sentiments d'un réprouvé, et qu'on ne peut raisonnablement supposer d'avoir été sans espérance, fut aussitôt exaucée. Le jeune comte avoua depuis que dans le moment même qu'il l'eut achevée, il lui sembla qu'on lui ôtait de dessus le cœur un poids qui l'accablait. Il recouvra en un instant la tranquillité de l'esprit et la paix du cœur : le corps même se ressentit de ce changement, et il retourna chez lui en si bon état, que son précepteur et ses amis furent plus en peine que jamais de ce qui avait causé son mal et de ce qui avait pu le guérir si promptement. Cependant le comte de Sales, ayant appris qu'il avait achevé ses études, lui écrivit de partir incessamment pour voir les plus belles villes de France, et de s'en retourner en Savoie quand il les aurait visitées ; il l'envoya ensuite à Padoue, sous la conduite du même précepteur, fort peu de temps après qu'il fut arrivé à Sales.

Padoue, ville épiscopale de l'État de Venise, est la plus ancienne ville d'Italie. Venise et Rome même lui cèdent en ancienneté. Elle était au plus haut point de sa gloire lorsque le jeune comte y fut envoyé ; mais entre les grands hommes que sa réputation y avait attirés, le fameux Guy Pancirole et le savant Jésuite Antoine Possevin l'emportaient par-dessus tous les autres. François de Sales prit l'un pour lui enseigner le droit, choisit l'autre pour son directeur.

Le Père Possevin, qui avait reconnu un fonds admirable d'esprit et de bon sens dans le jeune comte, ne se contenta pas de lui donner ses avis, il lui offrit d'être le directeur de ses études aussi bien que de sa conscience ; et Pancirole, charmé de la beauté de son esprit, de la sagesse de sa conduite, de son assiduité et de son application, outre les leçons publiques, se faisait un plaisir de l'instruire en particulier. Cette préférence lui attira l'envie de ceux qui regardaient sa vie réglée comme une censure secrète du déréglement de la leur. Ils s'imaginèrent que cette vie retirée, dont il faisait profession, venait de sa timidité ou de la bassesse naturelle de son cœur, et qu'il n'était pas possible qu'étant si retenu, il pût avoir de la résolution et du courage. Sur ce faux préjugé, un soir qu'il revenait seul de la promenade, ils l'attaquèrent dans un lieu écarté, s'imaginant qu'il prendrait la fuite et qu'ils auraient lieu de le perdre de réputation; mais le jeune comte, qui savait qu'il était permis de se défendre, ayant mis l'épée à la main, et les poussant à son tour d'une manière à laquelle ils ne s'étaient point attendus, ils firent semblant de s'être mépris, lui firent de grandes excuses, et se retirèrent fort surpris de sa fermeté.

Les chutes funestes de ses compagnons qu'on lui rapportait tous les jours, lui apprenaient à se défier de lui-même; leur faiblesse l'instruisait de la sienne; il regardait avec crainte les périls dont il était environné; de puissants ennemis au dehors, de plus terribles encore au dedans de lui-même, lui causaient une sainte frayeur. Il concluait de ces réflexions que Dieu seul pouvant être sa force, il devait mettre en lui toute sa confiance; et qu'il compterait en vain sur son secours, s'il n'y correspondait de son côté, et s'il ne s'attachait à lui préférablement à toutes choses. C'est ainsi que tout contribue à l'avantage de ceux qui cherchent Dieu avec un cœur sincère : les tentations mêmes, qui font succomber tant d'autres, ne servent qu'à les établir plus solidement dans son amour, et leur salut vient bien souvent des ennemis mêmes qui avaient conjuré leur perte.

Mais comme le jeune comte, en redoublant ses

austérités, ne relâchait rien de ses études, cette
grande application lui échauffa si fort le sang, qu'il
en tomba malade. Une fièvre violente et continue le
mit d'abord dans un très-grand danger, et la dyssenterie qui survint fit bientôt désespérer de sa vie.
Les médecins de Padoue, qui étaient les plus habiles de toute l'Italie, furent appelés en vain : leur
art ne trouva point de remède contre la violence de
son mal. Le bruit de l'extrémité où il était, joint à
la réputation qu'il s'était acquise, attira chez lui tout
ce qu'il y avait dans la ville de personnes de considération; tout le monde pleurait un jeune gentilhomme
si bien fait et si accompli, qui semblait destiné à
une haute fortune, prêt à mourir dans un pays étran-
ger, éloigné de ses proches, à la fleur de son âge, à la
veille de recueillir le fruit de ses travaux et de ses
études. Lui seul, insensible à tant de pertes, uniquement touché du soin de son salut, tranquille
même dans la vue des bontés de Dieu qu'il avait si
souvent éprouvées, attentif à profiter des exhorta-
tions du Père Possevin qui ne le quittait point, consolait ses amis, et parlait de sa mort comme d'une
chose qu'il avait bien plus lieu de souhaiter que de
craindre. Le mal augmentant et ne laissant plus
d'espérance, il reçut les sacrements avec des trans-
ports de piété qui firent craindre qu'il ne mourût en
les recevant. Mais son heure n'était pas encore venue, et lorsqu'on s'attendait qu'il dût rendre le dernier soupir, il s'endormit d'un sommeil tranquille,
qui dura assez longtemps, et se réveilla sans fièvre.
On regarda sa guérison comme un miracle, et l'on
en fut d'autant plus persuadé, qu'en fort peu de
temps il recouvra ses forces et jouit d'une santé

parfaite. Mais cette guérison, qui le rendit au monde, l'en sépara réellement : il prit dès lors la résolution de le quitter et d'embrasser l'état ecclésiastique ; il crut que Dieu ne lui avait rendu la vie qu'afin qu'il l'employât tout entière à son service, et qu'il ne pouvait mieux lui témoigner sa reconnaissance qu'en ne vivant plus que pour lui.

Quelque temps après, ayant achevé son cours et passé par tous les degrés, il reçut le bonnet de docteur. Pancirole voulut faire lui-même son éloge, et il ne manqua pas de le louer sur les grands exemples de vertu qu'il avait donnés à toute l'Université ; il le proposa pour modèle à cette nombreuse jeunesse qui aspirait au même honneur, et lui prédit qu'il serait un jour la gloire de sa patrie, de l'Église et de son illustre maison.

Le comte avait alors (1591) vingt-quatre ans ; il reçut des lettres du comte de Sales, qui lui ordonnaient de faire le voyage d'Italie. Il partit aussitôt pour Ferrare, et se rendit de là à Rome, où il devait faire un long séjour, et où le comte son père avait eu soin de lui ménager des amis.

Comme il retournait un soir, fort fatigué de la visite des saints lieux, à la maison qu'il avait prise sur le bord du Tibre, il trouva ses domestiques aux prises avec son hôte. Le sujet de la contestation était que ce dernier voulait absolument qu'ils allassent loger ailleurs, pour faire place à des personnes de qualité dont l'équipage venait d'arriver : ils n'en étaient encore qu'aux injures ; mais la querelle n'en fût pas demeurée là, si le comte, qui était la douceur même, ne leur eût ordonné de faire ce que l'hôte souhaitait. Il fut question de chercher une

autre demeure, et ce contre-temps n'accommodait
nullement l'extrême lassitude du comte; mais Dieu
n'avait permis cet accident que pour le délivrer d'un
danger où il aurait infailliblement péri. A peine était-
il logé, qu'il survint une pluie effroyable; elle dura
toute la nuit, de sorte que le Tibre, qui était déjà
gros, ayant débordé avec une grande fureur, emporta la maison qu'il venait de quitter, avec tous
ceux qui étaient dedans : personne ne se sauva, et
quand le fleuve se fut retiré, à peine paraissait-il
qu'il y eût eu dans cet endroit un des beaux bâti-
ments de Rome.

Le comte en partit quelques jours après pour
aller à Lorette. Il avait fait vœu de faire ce voyage
quelques années auparavant, et il s'en acquitta avec
sa piété ordinaire; il y renouvela le vœu de chasteté perpétuelle qu'il avait fait à Paris, et la résolution qu'il avait prise à Padoue d'embrasser l'état
ecclésiastique. Les historiens de sa vie conviennent
qu'il reçut de Dieu, dans cette sainte chapelle, des
grâces très-particulières; que son esprit y fut éclairé
de nouvelles lumières, et que son cœur y fut rempli
d'une charité si ardente, que rien ne lui paraissait
impossible lorsqu'il s'agissait de la gloire de Dieu et
du salut des âmes.

Après avoir satisfait à sa dévotion, il partit pour
Ancône, qui a un assez bon port sur la mer Adria-
tique, dans le dessein d'aller par mer à Venise. Il y
trouva une felouque prête à mettre à la voile : elle
devait porter à Venise une dame de qualité, qui l'a-
vait retenue pour elle seule et pour un grand nombre de domestiques dont elle était accompagnée;
elle avait traité avec le patron à cette condition :

cependant, soit qu'il fût touché de la bonne mine et
des manières du jeune comte, ou que l'espérance du
gain le portât à manquer de parole, il le reçut dans
sa felouque. La dame qui l'avait louée vint quelque
temps après, et apercevant des étrangers qui n'é-
taient point de sa suite, elle se mit fort en colère,
et commanda au patron de les faire sortir. Le comte
la pria, avec beaucoup de civilité, de permettre
qu'il profitât de la commodité de son passage; il
lui dit qu'il n'avait que trois domestiques avec lui,
peu d'équipage, qu'il ne l'incommoderait point,
qu'il n'occuperait que l'endroit qu'il lui plairait de
lui marquer, que le lieu le plus incommode serait
assez bon pour lui, et qu'il était en danger de ne
partir de longtemps, si elle n'agréait qu'il eût
l'honneur de l'accompagner. Le patron et les gens
même de sa suite joignirent leurs prières aux
siennes. La dame ne rabattit rien de sa dureté;
elle le fit sortir honteusement de la felouque, et
peu s'en fallut qu'elle ne fît jeter ses hardes à la
mer. François souffrit cet affront avec sa douceur
ordinaire : son précepteur et ses domestiques en
étaient dans une colère qu'ils ne pouvaient dissimuler; mais le comte, avec cette tranquillité qu'il
ne perdait jamais, leur dit qu'il fallait se soumettre
à la volonté de Dieu; que les choses qui paraissaient les plus fortuites n'arrivaient que par une
disposition particulière de sa providence, et qu'ils
se souvinssent de ce qui était arrivé à Rome à la
maison qu'ils avaient été contraints de quitter.
« Cette mer, ajouta-t-il, est fort sujette aux tempêtes, et tel quitte ce port, qui n'arrive pas où il
prétend. »

Sa conjecture se trouva vraie. Le ciel était serein, l'air tranquille, la mer calme, le vent favorable ; tout semblait promettre une navigation des plus heureuses : un moment après le vent changea, il devint impétueux et contraire ; le ciel se couvrit de nuages épais, et il se forma un des plus terribles orages que l'on eût vu depuis longtemps : la felouque, furieusement battue de la mer, fit de vains efforts pour regagner le port ; elle coula à fond à la vue du comte et de sa suite, qui ne l'avaient pas encore perdue de vue, et personne ne se sauva.

Ce triste spectacle fut un nouveau motif au comte de mettre toute sa confiance en Dieu, et de s'abandonner aveuglément aux ordres de sa providence. Il admirait comme elle conduit toutes choses aux fins qu'elle s'est proposées, par des voies imperceptibles et inconnues à toute la prudence des hommes ; comme ce qui paraît être un effet du hasard, une rencontre fortuite des causes secondes, et ce qui semble même contraire à toutes les règles de la sagesse humaine, est très-sagement ordonné, et fait toujours éclater ou la miséricorde, ou la justice du Tout-Puissant.

Cependant l'orage cessa, l'air devint calme, la mer tranquille, et François trouva l'occasion de s'embarquer. L'espérance d'une heureuse navigation avait inspiré la joie à tous les passagers : patron, matelots, tout le monde ne songeait qu'à se divertir et à faire bonne chère ; le comte seul, dont les pressentiments ne portaient guère à faux, paraissait pensif, et ne prenait aucune part à ce qui se passait dans le vaisseau. Son précepteur s'en aperçut, et lui en demanda le sujet. « J'admire, lui répondit-il, comme, n'y ayant qu'une planche de deux doigts d'épais entre nous et la mort, ces gens ont le courage de s'abandonner à la joie. Nous venons d'être témoins d'un triste naufrage : rien n'est plus inconstant que la mer; l'orage ne fait que de cesser; ce golfe est fameux par ses tempêtes : qui sait si nous ne sommes pas menacés d'un malheur pareil à celui qui vient d'arriver devant nos yeux? Prions, ajouta-t-il, celui qui commande aux vents et à la mer, et laissons les autres s'abandonner à une joie profane, et qui a si peu de rapport à l'état où nous nous trouvons. » Le précepteur, qui avait une haute estime de sa vertu, et qui était lui-même un homme d'une très-grande piété, lui proposa de dire avec lui l'office divin. A peine l'avaient-ils commencé, que le patron, qui s'en aperçut, se mit à en faire des railleries ajoutant que les moines et les dévots lui avaient toujours porté malheur. Le vent changea un moment après, et il se forma un orage presque aussi furieux que celui qui avait fait périr la felouque dont on vient de parler. La joie qui régnait dans le vaisseau se changea aussitôt en crainte et en désespoir; il n'y en eut point de si déterminé dans cette troupe qui ne se mit en prière : le patron seul, persistant dans sa brutalité, répétait souvent, avec d'horribles blasphèmes, qu'il avait reconnu que ces faiseurs de longues prières n'avaient jamais servi qu'à attirer l'orage, et qu'il les fallait jeter dans la mer. Le gouverneur du comte, qui était naturellement colère, frappé de son insolence, voulait lui répondre et le reprendre de ses blasphèmes; le comte, lui faisant remarquer que ces remontrances ne serviraient qu'à aigrir ce brutal, l'en empêcha; et souffrit avec une patience incroyable toutes les injures qu'il continuait de lui dire.

Cependant le vaisseau s'étant trouvé à l'épreuve des coups de mer, la tempête cessa, et l'on aborda assez heureusement au port de Catholica. Le patron ne pouvant dissimuler la joie qu'il avait d'être échappé d'un si grand péril, le comte prit ce temps pour lui faire la correction qu'il méritait sur ses blasphèmes; il lui parla avec beaucoup de force, mais en même temps avec beaucoup de douceur. La brutalité de cet homme ne l'empêcha pas de remarquer que le comte, insensible à toute autre chose qu'à ce qui pouvait offenser Dieu, ne lui disait rien de tant d'injures qu'il lui avait dites : il ne put s'empêcher d'admirer une si grande modération; il s'accusa lui-même de ce dont on ne l'accusait point; il se jeta à ses pieds, lui demanda pardon, et lui promit de se corriger. C'est ainsi qu'une correction faite à propos et avec douceur est presque toujours suivie de son effet.

Tout le monde s'étant rembarqué, on aborda heureusement à Venise. Le comte y rencontra quelques gentilshommes de Savoie et du Piémont, que la curiosité y avait attirés comme lui. Ils étaient les sujets d'un même prince; ils eurent bientôt fait connaissance; mais le comte ayant remarqué qu'ils donnaient dans la débauche, qui règne dans cette ville avec plus d'impunité que partout ailleurs, rompit bientôt une société que le hasard avait faite, et qui n'était point soutenue de la conformité des mœurs. Un seul s'attacha à lui; mais n'ayant pas eu assez de force pour résister aux occasions et au mauvais

exemple, il se rendit bientôt indigne de son amitié.
Le comte apprit d'une manière à n'en pouvoir douter,
qu'entraîné par la mauvaise compagnie, il avait passé
la nuit dans un lieu de débauche, où l'on avait
commis toutes sortes d'excès ; il résolut aussitôt de
rompre tout commerce avec lui ; mais ayant pitié
de la perte d'une âme en qui il avait remarqué de
grandes dispositions à la vertu, il résolut en même
temps de ne rien épargner pour le retirer du péril
où il s'était jeté. Il lui parla avec beaucoup de force
des suites funestes de l'impureté ; des peines que
Dieu y a attachées en cette vie et en l'autre ; de
l'impénitence finale qui la suit presque toujours,
quand une fois l'habitude est formée ; de l'aveuglement et de la dureté du cœur qui en sont les suites
inséparables ; en un mot, de tout ce qui pouvait
troubler une âme qui a encore quelque crainte de
Dieu, et des jugements terribles dont il menace
ceux qui s'abandonnent à un pareil déréglement.
Dieu bénit les saintes attentions de François de
Sales, et la grâce secondant ses discours, ce jeune
homme se reconnut, il fit une pénitence proportion-
née à la grandeur de son crime, et quitta Venise pour
éviter les occasions qui auraient pu le faire retomber.

Le comte en sortit aussi quelque temps après : il
acheva son voyage d'Italie, et arriva heureusement
au château de la Thuile, où toute sa famille, avertie
de son retour, s'était rendue pour le recevoir. Il serait difficile d'exprimer la joie du comte et de la
comtesse de Sales. Ce qu'ils avaient appris du jeune
comte leur fils, et ce qu'ils en voyaient eux-mêmes,
contribuait également à leur satisfaction. Il avait
alors vingt-cinq à vingt-six ans, et il eût été fort diffi-

cile de trouver un homme plus accompli. De toutes ces qualités, il n'y en a point qu'on lui reconnaisse plus universellement que la douceur; mais tout le monde ne sait pas que, bien loin de lui être naturelle, il ne l'avait acquise qu'avec beaucoup de peine, qu'après bien des combats et bien des victoires remportées sur lui-même. Il avait le naturel vif et porté à la colère, et il l'avoue lui-même : on voit encore dans ses écrits un certain feu, et même une sorte d'impétuosité qui ne laisse aucun lieu d'en douter; et son fiel, qu'on trouva presque tout pétrifié après sa mort, passa pour une preuve incontestable de la violence continuelle qu'il s'était faite; mais à force d'étudier à l'école d'un Dieu doux et humble de cœur, il apprit à le devenir.

A peine François de Sales avait eu le temps de se délasser du voyage qu'il venait de faire, que le comte, son père, jugea qu'il devait aller à Annecy saluer l'évêque de Genève, Claude de Granier. C'était un saint et savant prélat, d'une douceur et d'une simplicité apostoliques, qui mettait toute sa gloire à s'acquiter de son ministère, et qui était intime ami du comte et de la comtesse de Sales. Il reçut le jeune comte avec cette bonté et cette douceur qui accompagnaient toutes ses actions; il s'entretint longtemps avec lui, en conçut une estime qui lui fit souhaiter d'avoir un successeur qui lui ressemblât.

L'entretien, qui avait déjà été long, n'eût pourtant pas fini sitôt, si l'on ne fût venu avertir le saint prélat que les théologiens étaient assemblés, et qu'on n'attendait plus que lui pour commencer l'examen de plusieurs prétendants à un bénéfice. Ce sage évêque n'en conférait jamais qu'aux plus ca-

pables; la science et la vertu étaient la seule recommandation dont on avait besoin auprès de lui.
Le jeune comte voulut se retirer, ne croyant pas
qu'il fût de la bienséance qu'un laïque, l'épée au
côté, se trouvât dans une pareille assemblée; le
saint évêque le retint, et lui faisant donner un siége
auprès du sien : « Vous ne nous serez peut-être pas,
lui dit-il, aussi inutile que vous pensez, pour la résolution des questions qu'on doit proposer. » La
dispute commença, et la contestation fut grande :
comme il arrive assez souvent, on ne put s'accorder sur quelques questions proposées. Le jeune
comte écoutait avec beaucoup d'attention, mais sans
donner la moindre marque qu'il eût envie de donner son sentiment. L'évêque ne laissa pas de le lui
demander; il s'en défendit d'abord avec beaucoup
de modestie, mais l'évêque insistant, il le dit, et
expliqua les difficultés avec tant de pénétration
et de netteté, que tout le monde s'en tint à sa décision. L'étonnement fut grand, quand on vit un
jeune gentilhomme, qu'on croyait ne s'être occupé
que des choses qui font l'exercice ordinaire de la
noblesse, résoudre avec tant de facilité des difficultés qui avaient embarrassé tant de docteurs. Mais
l'évêque prenant la parole et s'adressant à lui : « Je
vous avais bien dit, monsieur le comte, que vous
ne seriez pas aussi inutile à cette conférence que
votre modestie vous le faisait croire. »

La conférence étant finie, il dit à ceux qui étaient
présents que ce jeune gentilhomme avait trop de
vertu et de savoir pour rester longtemps dans le
monde; qu'il avait un pressentiment qu'il serait un
jour son successeur, et qu'il espérait de la bonté de

Dieu qu'il ferait cette grâce à son diocèse. Cette pensée le lui rendit depuis extrêmement cher ; il ne l'appelait plus que son fils, et il se forma entre eux une liaison étroite qui ne finit que par la mort de ce sage prélat.

Mais le comte de Sales avait des vues bien opposées pour l'établissement de son fils ; il ne pensait qu'à l'engager dans le monde par le mariage et par une charge de sénateur au sénat de Chambéri, qu'il prétendait lui procurer au plus tôt. Il lui proposa de s'aller faire recevoir avocat au sénat de Savoie, lui donna des lettres pour le célèbre Antoine Faure, sénateur, qui était lié d'une amitié très-étroite avec la maison de Sales, et pria ce grand magistrat de vouloir bien aider son fils dans la poursuite qu'il avait à faire.

Ces mesures ne s'accordaient ni avec les intentions secrètes du jeune comte, ni avec les engagements qu'il avait pris avec Dieu, ni avec le vœu de chasteté perpétuelle qu'il avait fait à Paris et renouvelé à Lorette, ni avec la résolution qu'il croyait que Dieu lui avait inspirée d'embrasser l'état ecclésiastique : il avait résolu d'exécuter l'un et l'autre, et il croyait le pouvoir faire d'autant plus aisément que le comte de Sales avait eu depuis lui plusieurs enfants, qui profiteraient avec joie des avantages qu'il était résolu de leur laisser ; mais l'extrême complaisance qu'il avait pour son père ne lui permit pas pour lors de s'opposer à ses desseins : il crut qu'il pouvait faire la démarche dont il s'agissait, sans préjudicier à la résolution qu'il avait faite de se donner entièrement à Dieu, et qu'il serait toujours à temps pour s'expliquer avec son père.

Il partit dans ce dessein pour Chambéri. Antoine Faure, qui était le plus grand ornement du sénat de Savoie, dont il fut depuis premier président, le reçut d'abord comme le fils d'un de ses plus chers amis, le logea, et lui donna tous les jours plusieurs heures d'entretien pour le préparer à sa réception. Il croyait que le jeune comte aurait besoin de son secours; mais il s'aperçut bientôt qu'il était en état de s'en passer. Ce fut ce qui l'obligea de le présenter sans délai au premier président Pobel et à tout le sénat : il en fut reçu avec de grandes marques d'estime, et l'on commit le sénateur Crassus pour l'examiner. Il le fit avec rigueur; mais cette exactitude ne servit qu'à faire éclater la capacité du jeune comte : il en fit au sénat un rapport très-avantageux, et François de Sales y fut reçu avec des applaudissements qui n'étaient point ordinaires. Il harangua ce jour-là même le sénat avec une éloquence qui fut admirée de tout le monde; et le bruit s'étant répandu qu'il serait bientôt sénateur, lui attira les compliments de toute la ville; mais Dieu, qui en avait disposé autrement, le dédommagea de cet honneur en lui procurant l'amitié intime du sénateur Antoine Faure.

Le jeune comte partit de Chambéri peu de jours après sa réception; mais il lui arriva dans le bois de Sonnas une chose qui mérite d'être racontée. Il s'entretenait avec le même précepteur dont on a déjà parlé, lorsque son cheval broncha si rudement, qu'il le jeta par terre, quoiqu'il fût fort bon écuyer. La même chose lui arriva trois fois avant de sortir du bois, sans qu'il se blessât ou qu'il en fût incommodé; mais toutes les fois qu'il voulut monter à cheval, il aperçut que la violence de sa chute avait fait sortir son épée du fourreau ; que le fourreau était aussi sorti du baudrier, et que les trois fois l'épée et le fourreau avaient formé une croix aussi exacte que si l'on eût pris à tâche de la faire.

François de Sales y fit réflexion, et le fit remarquer à son précepteur : il était dès lors et a toujours été depuis le moins superstitieux de tous les hommes ; mais il était fort attentif à tout ce qui pouvait lui marquer la volonté de Dieu. Il crut qu'il avait voulu lui faire connaître par cet accident, qui a en effet quelque chose de singulier, qu'il n'approuvait pas qu'il prît, comme il le faisait, des engagements dans le monde ; qu'il était appelé à suivre la croix, et que Dieu n'avait permis l'aventure dont on vient de parler, que pour le faire souvenir de la résolution qu'il avait faite de quitter le monde et d'embrasser l'état ecclésiastique. Il s'en ouvrit pour la première fois à son précepteur, le pria d'en avertir le comte de Sales, et de ne rien épargner pour obtenir son consentement.

La piété exacte, dont le jeune comte avait fait profession jusque alors, devait empêcher le précepteur de trouver rien d'étrange à la proposition qu'il lui faisait ; il en fut cependant aussi embarrassé que s'il n'avait pas eu lieu de s'y attendre. Comme il avait de la piété et du savoir, il appréhendait, d'un côté, de s'opposer à la vocation de Dieu en le détournant de son dessein ; mais comme il avait, de l'autre, un fort attachement pour la maison de Sales, il ne pouvait se résoudre à approuver une résolution qui renversait toutes les vues qu'elle avait eues dans l'éducation du jeune comte. Cet embarras lui fit garder quelque temps le silence; il le rompit enfin pour lui représenter l'affliction qu'un pareil projet allait causer au comte, à la comtesse de Sales, et à toute sa maison qui le regardait depuis longtemps comme en devant être l'appui; que c'était dans cette vue qu'on l'avait fait étudier et voyager avec tant de dépense; qu'on n'avait rien épargné pour le rendre capable de soutenir son illustre maison, et qu'on avait eu raison de compter sur lui, puisque, d'un côté, il en était l'aîné, et que de l'autre il avait toutes les qualités nécessaires pour répondre aux desseins qu'on avait formés sur lui.

A ces raisons d'intérêt, il ajouta que la destination que les parents faisaient de leurs enfants à quelque état, devait passer pour une vocation de Dieu, quand cet état n'était pas opposé à la religion et au salut; que Dieu, qui n'était pas moins l'auteur de la nature que de la grâce, ne s'expliquait jamais mieux ni plus infailliblement que par l'ordre naturel, quand il était bien gardé.

Le jeune comte, qui avait cru que son précepteur, étant prêtre et docteur en théologie, faisant de plus profession d'une piété exemplaire, ne désapprouverait jamais qu'il embrassât un état qu'il avait choisi lui-même, ne fut pas peu surpris de lui entendre combattre avec tant de force la résolution qu'il avait prise de quitter le monde pour ne s'occuper que du soin de servir Dieu et de faire son salut : il le regarda avec cette douceur charmante à laquelle il était si difficile de résister, et ne doutant pas que, s'il pouvait le persuader, il ne fût l'instru-

2

ment le plus propre à gagner le comte et la comtesse de Sales, qui avaient en lui une confiance particulière, il commença par lui faire des reproches obligeants, puis il répondit par ordre à tout ce qu'il avait dit pour combattre son dessein.

Cet entretien les conduisit jusqu'au château de la Thuile, où le comte et la comtesse de Sales s'étaient rendus pour recevoir le jeune comte. Il y trouva les choses disposées d'une manière bien contraire à ses desseins. Le comte de Sales, qui ne songeait qu'à le marier avantageusement, avait, pendant son absence, jeté les yeux sur mademoiselle de Vegy, fille unique du baron de Vegy, conseiller d'État du duc de Savoie, et juge-mage de la province de Chablais. Il ne fut pas plutôt arrivé, qu'il l'instruisit de ses intentions, et lui dit de se tenir prêt à partir dès le lendemain pour aller avec lui faire la demande de cette demoiselle.

Ce fut un coup de foudre pour le jeune comte. Il fut cent fois près de refuser ce parti, et de découvrir à son père l'intention qu'il avait d'embrasser l'état ecclésiastique, et autant de fois l'extrême respect qu'il avait pour lui l'empêcha de le faire. Le jour du départ arriva, et le jeune comte n'eut jamais la force de découvrir sa résolution à son père. Ils furent fort bien reçus dans le château de Salandre, où le baron de Vegy s'était rendu pour conclure ce mariage. Mais le Ciel en avait ordonné autrement : le jeune comte ne put se contraindre, et il parut si gêné dans toutes ses manières, que son père s'en aperçut. Il lui en fit de sanglants reproches, et François n'y répondit que par un silence obstiné. Cette conduite, à laquelle le comte de Sales ne s'était point attendu, l'obligea de partir sans rien conclure. Au retour, les reproches recommencèrent, et le jeune comte n'y répondit qu'en lui disant qu'il était au désespoir du mécontentement qu'il lui donnait. La comtesse de Sales, qui l'aimait avec une tendresse infinie, employa en vain tout le pouvoir qu'elle avait sur lui pour le résoudre à ce mariage; tous les amis de sa maison ne réussirent pas mieux, et il ne resta au comte de Sales, de tant de tentatives inutiles, qu'une extrême perplexité sur ce qui pouvait faire refuser au jeune comte un parti si avantageux.

Mais ce fut bien pis lorsque le baron d'Hermance lui apporta de Turin les provisions du duc de Savoie, d'une charge de sénateur au sénat de Chambéri, que ce prince, informé du mérite de son fils, lui donnait gratuitement. Le jeune comte la refusa avec une constance invincible, et rien ne fut capable de la lui faire accepter. Le comte de Sales lui témoigna en cette occasion un mécontentement contre lequel il ne put tenir : il résolut enfin de lui faire déclarer son véritable dessein. Il s'adressa pour cela à Louis de Sales, chanoine de la cathédrale de Genève, son cousin, qu'il savait avoir beaucoup de pouvoir sur l'esprit de son père.

Louis de Sales, qui avait beaucoup de piété, bien loin de combattre son projet, y applaudit; il lui promit tout ce qu'il voulut, et le pria seulement de lui donner un peu de temps pour recommander cette affaire à Dieu, et pour ménager les conjonctures favorables pour faire à son père une ouverture qui demandait beaucoup de précaution.

Il avait en cela un projet particulier. François Empereur, prévôt de l'église de Genève, et sénateur au sénat de Chambéri, venait de mourir : la première dignité de cette cathédrale vaquait par sa mort ; la collation appartenait au pape. Louis de Sales avait beaucoup d'amis en cour de Rome ; il les employa tous pour le jeune comte ; il fut bien servi, et obtint ce bénéfice ; et ce qu'il y eut de singulier, c'est qu'il ne lui en parla point, ne doutant pas qu'il ne consentît d'autant plus aisément à accepter cette dignité, qu'il n'aurait point contribué à l'obtenir.

Il n'eut pas plutôt donné son consentement, qu'il alla trouver le comte et la comtesse de Sales, et leur ayant demandé un entretien particulier, leur dit qu'il y avait déjà quelque temps que son cousin lui avait fait confidence de l'intention où il était de renoncer au monde pour embrasser l'état ecclésiastique.

Jamais surprise ne fut égale à celle du comte et de la comtesse de Sales. Ils se regardaient l'un l'autre sans pouvoir parler, et la douleur leur ôtant la force de répondre, Louis de Sales continua, en leur représentant qu'il avait examiné lui-même, et fait examiner par des personnes également habiles et vertueuses, la vocation du jeune comte ; qu'elles étaient toutes demeurées d'accord qu'elle venait de Dieu.

Le comte et la comtesse de Sales ne répondirent à ce discours que par leurs larmes et leurs sanglots.

Si le comte de Sales avait une extrême répugnance à consentir au désir de son fils, la comtesse n'en sentait guère moins. Elle se retira dans son cabinet accablée de douleur. Pendant plusieurs jours elle ne fit que pleurer; enfin la piété prit le dessus de la nature, et après s'être soumise à la volonté de Dieu, elle eut la force de gagner son époux.

L'heureux jour auquel ils devaient donner leur consentement étant arrivé, Louis de Sales amena le jeune comte. La vue d'un fils qui leur était si cher renouvela leur douleur, les larmes et les soupirs recommencèrent, et Louis de Sales lui-même, avec toute sa fermeté, ne put s'empêcher de donner des marques de sa tendresse. A peine le comte et la comtesse eurent-ils la force de relever leur fils, qui s'était jeté à leurs pieds et qui s'obstinait à y demeurer. Le comte lui donna sa bénédiction, ce que fit aussi la comtesse; et l'embrassa tendrement, en lui disant: « Je prie Dieu, mon fils, qu'il soit votre récompense dans le ciel, comme il va être votre partage sur la terre. » Le jeune comte lui répondit qu'afin que ses souhaits fussent plus infailliblement suivis de leur effet, il le priait de trouver bon qu'il renonçât à son droit d'aînesse en faveur de son frère Louis, qu'il aimait tendrement pour sa rare vertu; mais le comte et la comtesse refusèrent d'y consentir, et s'obstinèrent à vouloir qu'il conservât tous ses droits.

Le jeune comte, au comble de la joie, partit aussitôt avec Louis de Sales pour aller prendre possession de la prévôté de Genève. Étant arrivé à Annecy, Louis de Sales fit assembler le chapitre de la cathédrale. François de Sales présenta ses bulles (elles étaient datées du 7 mars, l'an 8 du pontificat de Clément VIII), ses preuves de noblesse et les lettres qui faisaient foi de ses études et de sa capacité. Le chapitre les examina, et le reçut ensuite avec d'autant plus d'honneur, que la réputation de sa vertu et de son savoir lui avaient acquis beaucoup d'estime. La compagnie en corps l'ayant mis en possession, il fit un discours plein de douceur et de piété, qui acheva de lui gagner tous les cœurs. Cette nouvelle s'étant répandue dans la ville, où la maison de Sales était fort considérée, tout le monde en témoigna d'autant plus de joie, que François de Sales en particulier y était fort estimé ; mais il n'y eut personne qui parût y prendre plus de part que le saint évêque de Genève : il le reçut, quand il vint le voir, comme un homme que Dieu lui avait fait connaître devoir être un jour son successeur et édifier toute l'Église par l'éclat de sa sainteté. Il lui donna, quelque temps après, les quatre moindres et le sous-diaconat, et les Quatre-Temps d'après le diaconat. L'humble François voulait garder les interstices réglés par l'Église ; mais le vénérable prélat, qui connaissait à fond la pureté de son cœur et l'éminence de sa piété et de son savoir, voulut absolument l'en dispenser. Le respect qu'il avait pour son évêque ne lui permit pas de contester avec lui. Il prêcha n'étant que diacre, et il le fit avec tant de succès, qu'il parut dès lors que Dieu l'avait choisi pour convaincre et pour gagner les hérétiques dont le diocèse de Genève était rempli. Trois gentilshommes calvinistes d'une qualité et d'un savoir distingués, le seigneur d'A-willy, celui de Bursin et un autre que l'histoire ne nomme pas, qui assistèrent à ce premier sermon, avouèrent qu'ils en avaient été touchés; qu'ils en avaient conçu meilleure opinion de la foi catholique qu'ils n'avaient eue jusque alors. En effet, l'on remarqua qu'ils s'abstinrent depuis des railleries qu'ils étaient accoutumés d'en faire. On verra dans la suite de cette histoire les fruits que cette première semence produisit, et la bénédiction que Dieu y donna.

Ce sermon fut suivi de quelques autres, qui lui attirèrent une réputation extraordinaire ; et, dans la vérité, il possédait de grandes qualités naturelles et acquises pour ce saint ministère ; il avait l'air grand et modeste, la voix forte et agréable, l'action vive et animée, sans faste et sans affectation. Il ne négligeait pas l'éloquence, surtout dans ces commencements, et il avait coutume de dire que si on l'employait pour établir l'erreur, on devait à plus forte raison s'en servir pour faire triompher la vérité et pour briser la dureté des cœurs.

Ces qualités extérieures, qui ne sont pas à négliger, étaient soutenues d'une onction qui faisait bien voir qu'il donnait aux autres de la plénitude et de l'abondance de son cœur, et qu'il s'était rendu le disciple de Jésus-Christ pour devenir le maître des hommes.

Quelque saintes que fussent ses occupations et ses études, dès qu'il vit approcher le temps auquel il devait être ordonné prêtre, il les quitta pour ne s'occuper plus que de Dieu seul. Il destinait avant ce temps-là plusieurs heures de la journée à l'étude de la scolastique et de la controverse : il changea de méthode, il ne s'appliqua plus qu'à l'étude de cette théologie qui s'apprend par la prière et par la méditation de l'Écriture, et dont le Saint-Esprit est l'unique maître.

Il n'y a pas lieu de s'étonner si, ayant apporté de si saintes dispositions à la prêtrise, il reçut dans son ordination, avec abondance, la plénitude de cet esprit principal qui fait le véritable caractère des prêtres et toute la force des pasteurs, et si, toutes les fois qu'il célébrait les redoutables mystères, on voyait dans ses yeux et sur son visage un feu qui marquait extérieurement celui dont son cœur brûlait au dedans.

Depuis ce temps, on le vit fuir avec soin tout ce qui pouvait lui attirer l'applaudissement des hommes. Content de plaire à Dieu, et uniquement attentif à procurer sa gloire, il prêchait rarement dans les villes; mais on le voyait parcourir les hameaux et la campagne, pour instruire une infinité de pauvres gens qui vivaient dans le christianisme presque sans le connaître. Il se faisait un plaisir, à l'exemple de Jésus-Christ, de converser avec ces âmes simples, et il les trouvait d'autant mieux disposées à recevoir les lumières de l'Évangile, qu'elles n'avaient le cœur corrompu, ni par l'ambition, ni par les richesses, ni par ces autres passions qui sont les sources malheureuses de l'aveuglement et de la corruption du cœur.

Il ne donnait cependant pas tellement ses soins aux peuples de la campagne, qu'il abandonnât la ville d'Annecy : il y visitait les malades et les prisonniers; il terminait les procès, à quoi la connaissance qu'il avait du droit civil et canonique lui était fort utile, et il n'épargnait rien pour éteindre les inimitiés et pour réconcilier les ennemis les plus implacables. Dieu donna en cette occasion une bénédiction toute particulière à ses travaux, et il y eut peu de cœurs assez durs pour tenir contre sa douceur et contre ses manières charitables et insinuantes.

Il établit, cette même année, dans Annecy, une confrérie, sous le titre de la Croix, d'une très-grande utilité. Les obligations des confrères étaient d'instruire les ignorants, de visiter et consoler les malades, de leur apprendre le bon usage qu'ils peuvent faire de leurs maux, et de leur donner les moyens de les supporter chrétiennement, de les ensevelir et les enterrer après leur mort; de visiter, consoler et assister les prisonniers : ils étaient encore obligés d'aller à la campagne instruire et soulager les pauvres; ils devaient, sur toutes choses, éviter les procès comme autant d'écueils où la charité chrétienne ne manque presque jamais de faire naufrage. S'il en naissait malgré eux, ils étaient obligés de les terminer, autant qu'il dépendait d'eux, par l'arbitrage des confrères mêmes, qui y devaient donner tous leurs soins : il leur était très-particulièrement recommandé de donner l'exemple d'assister aux offices divins et aux instructions qui se faisaient dans les paroisses des confrères, François de Sales n'ayant jamais cru que des dévotions particulières dussent retirer les fidèles des églises où ils ont reçu par le baptême une nouvelle naissance en Jésus-Christ, ni les soustraire aux instructions de leurs pasteurs légitimes.

Il dressa des règlements et des instructions pleins de sagesse et de piété, mais accommodés à l'état séculier, dont la plupart des confrères faisaient profession. Les bonnes œuvres de ces nouveaux confrères se répandirent bientôt dans les provinces

voisines avec tant de réputation, que les peuples
d'Aix et de Chambéri établirent dans leurs villes
des confréries sur le modèle de celle d'Annecy,
et demandèrent à l'instituteur de cette pieuse asso-
ciation les instructions et les règlements qu'il avait
faits pour la conduite de ses confrères.

L'érection de la confrérie de la Croix donna lieu à
un ministre protestant du voisinage d'écrire contre
l'honneur que les catholiques ont coutume de rendre à ce signe de notre salut, dont la vue est si
capable de rappeler dans les esprits le souvenir
de la charité infinie qui a pu porter un Dieu à verser
son sang pour les hommes. François, à l'occasion
de cet écrit, reprit l'étude de la controverse qu'il
avait interrompue : il répondit ensuite au ministre
par un ouvrage qui a pour titre : *l'Étendard de la
Croix*, divisé en quatre livres, que nous avons parmi
ses œuvres. On ne répondit point à cet écrit, et les
catholiques regardèrent ce silence comme une preuve de l'excellence de l'ouvrage de François.

N'ayant plus d'ennemis à combattre, il reprit ses
premiers exercices. Il n'y avait rien de plus réglé,
de plus simple et de plus uniforme que sa manière
de vivre : il évitait avec soin ces singularités affec-
tées, qui ne tendent le plus souvent qu'à attirer
l'estime des hommes ; ces dehors vides qui, en
réglant l'extérieur, ne touchent point le cœur,
et ne servent qu'à en imposer par une fausse apparence de sainteté. Il était propre, modeste dans
ses meubles, dans sa table et dans ses habits ; il avait
la conversation douce, agréable et aisée, sans affectation et sans gêne ; il était bon ami, sincère et
sans fard, mais prudent et secret ; on voyait dans

ses yeux et sur son visage un air tranquille et serein,
véritables marques de la pureté et de la paix de son
cœur; il était civil et même naturellement poli,
sachant fort bien vivre et ne se dispensant jamais
des bienséances, sans pourtant les affecter d'une
manière trop marquée.

Il avait coutume de dire que la véritable piété
n'excluait pas les vertus civiles et morales, ni généralement toutes celles qui pouvaient rendre la
société douce et commode; que pour être dévot,
il n'était point nécessaire d'être malpropre, brusque, mal poli, barbare, sans humanité et sans
douceur; qu'au contraire, il fallait gagner les hommes par des manières qui leur fissent aimer la vertu;
qu'une tristesse sombre et scrupuleuse n'était point
non plus du caractère de la vraie piété; qu'il fallait
servir Dieu avec joie et avec une sainte liberté, et
qu'il n'y avait rien de plus opposé au véritable christianisme que la gêne, la contrainte et l'esclavage.

LIVRE DEUXIÈME.

Le duc de Savoie songe à rétablir la religion catholique dans le Chablais. — Saint François de Sales est choisi pour cette mission. — Il arrive à Tonon. — Danger qu'il y court. — Sa douceur, sa prudence et sa fermeté. — Sa confiance en Dieu quand le succès ne répond pas à ses efforts. — Complots contre sa vie. — Conversion de la garnison des Allinges. — Nombreux retours à la foi. — Nouveaux attentats contre sa personne. — Refus des ministres calvinistes d'avoir avec lui une conférence publique. — Condamnation à mort et exécution d'un ministre converti à la religion catholique. — Résultats de cette violence. — Conversion du baron d'Avely. — Confusion d'un ministre de Genève.

Charles-Emmanuel, duc de Savoie, pensant sérieusement à rétablir la religion catholique dans le Chablais et dans les trois bailliages de Sex, de Terny et de Gaillard, écrivit, en 1594, à l'évêque de Genève de choisir de bons sujets, savants, d'une conduite édifiante, et qui eussent les qualités requises pour travailler avec succès à la conversion de ces peuples.

L'évêque de Genève assembla son clergé, lut les lettres du prince, exposa que le Chablais et les trois

bailliages, qui étaient la plus belle partie du diocèse de Genève et la plus peuplée, gémissaient
depuis plus de soixante ans sous le joug de l'hérésie, et dit qu'il était prêt à marcher à leur tête.

François de Sales parut touché de son discours.
Au lieu de l'étonnement qu'on voyait peint sur tous
les visages, on ne vit dans ses yeux et dans tout son
air qu'une sainte émotion et une impatience pleine
de zèle de seconder les pieuses intentions de son
prince et de son prélat : aussi l'évêque ne se fut
pas plutôt tourné de son côté pour lui demander
son avis, qu'il répondit qu'il n'était pas seulement
prêt à le suivre, mais qu'il s'offrait encore, s'il l'en
jugeait capable, d'être lui-même le chef de la mission; qu'il se croyait obligé de lui représenter que
son âge et ses incommodités ne lui permettaient
pas de s'exposer aux peines et aux fatigues dont
ces pieux exercices seraient infailliblement accompagnés. Il ajouta qu'il ne croyait pas qu'il fût nécessaire d'envoyer d'abord beaucoup de missionnaires dans le Chablais; qu'un petit nombre suffirait pour sonder les dispositions que les peuples
pourraient avoir à rentrer dans le sein de l'Église
catholique; que, selon le succès, on pourrait dans
la suite y en envoyer un plus grand nombre, et que
l'évêque même pourrait venir mettre la dernière
main à cette sainte entreprise.

Tout le monde ayant été de cet avis, et le saint
prélat même s'étant rendu aux remontrances que
toute l'assemblée lui fit sur son grand âge et sur ses
infirmités, François fut choisi pour ouvrir la mission et pour en être le chef; mais quand il fut question de lui donner des associés, il ne se présenta

personne que le seul Louis de Sales, dont on a déjà parlé dans le premier livre de cette histoire. L'évêque de Genève ne pouvait se résoudre à laisser entrer François dans le Chablais si peu accompagné; mais ce saint missionnaire lui ayant témoigné qu'un plus grand nombre n'était pas nécessaire pour commencer cette importante mission, il se rendit à ses raisons, et l'assemblée finit par des prières ferventes pour l'heureux succès de cette sainte entreprise.

Le bruit s'étant répandu dans Annecy que François de Sales avait été choisi pour la mission du Chablais, et qu'il était résolu de partir au premier jour, ses amis, qui jugeaient de ce que les hérétiques étaient capables de faire pour conserver leur religion, par ce qu'ils avaient fait pour l'établir, et qui ne doutaient point que ce ne fût s'exposer à une mort certaine que d'entreprendre seul et désarmé ce que le duc de Savoie, à la tête d'une armée, n'avait pu faire, prirent l'alarme. Il n'y en eut point qui ne fît les derniers efforts pour le détourner de la résolution qu'il avait prise; ils lui représentèrent, mais en vain, de la manière la plus vive, les fatigues et les dangers qu'il allait courir, et le peu d'apparence qu'il réussît dans son entreprise; ils en écrivirent même au comte et à la comtesse de Sales, dont il devait aller prendre congé. Il eût bien souhaité de le faire par lettres, pour éviter les combats qu'il prévoyait qu'il aurait à soutenir contre les deux personnes du monde qui lui étaient les plus chères; mais le château de Sales, où ils faisaient leur demeure, se trouvant sur son chemin, il ne put éviter de leur rendre ce devoir en passant.

Ce fut dans cette importante circonstance qu'il eut à se défendre contre tout ce que la tendresse naturelle a de plus fort pour ébranler un cœur. Le comte de Sales, qui n'approuvait point en général la mission du Chablais, et qui désapprouvait encore plus qu'on eût choisi son fils et son neveu pour une entreprise dont il n'espérait aucun succès, n'épargna rien pour les en détourner. Son âge, son expérience, les grandes affaires même qu'il avait ménagées avec beaucoup de prudence, lui avaient acquis une estime et une autorité qui donnaient un nouveau poids à ses raisons. Il n'usa point de ménagements; il traita la mission de Chablais de dessein mal conçu, et encore plus mal entrepris, où il entrait plus de zèle que de prudence, qui pouvait avoir de fâcheuses suites, et dont raisonnablement on ne pouvait espérer aucun fruit. Il représenta vivement les obstacles qu'ils rencontreraient, les dangers qu'ils auraient à essuyer, la honte enfin de s'être engagés dans une entreprise où il y avait si peu d'apparence de réussir.

Pendant que le comte parlait, la comtesse versait des larmes capables de toucher un cœur moins sensible que celui de son fils; mais la foi qui fait vivre le juste, cette confiance en Dieu qui forme ses sentiments et qui règle toutes ses actions, l'emportant sur les sentiments naturels, François leur représenta, avec sa douceur ordinaire, qu'à prendre les choses de la manière dont ils les prenaient, le dessein que les apôtres avaient formé et qu'ils avaient ensuite exécuté si heureusement, de prêcher l'Évangile à toutes les nations de la terre et d'entreprendre la conversion du monde, devait avoir eu quelque chose de bien

extravagant ; qu'il y avait bien moins d'apparence
que douze pauvres pêcheurs, sans savoir, sans éloquence, sans biens et sans appui, ayant même
toutes les puissances du monde pour ennemis, réus-
sissent dans une pareille entreprise, qu'il n'y en
avait à espérer quelque succès de la mission du
Chablais.

Quoique le comte fût touché des raisons de son
fils, il ne laissa pas de lui repartir que, s'il se
croyait appelé à la mission du Chablais, il ne prétendait pas s'y opposer, mais qu'il fallait souffrir
qu'on prît au moins des mesures pour sa sûreté et
les précautions nécessaires pour faire valoir l'autorité de l'Église et du prince, qu'il était si dangereux d'exposer au mépris des peuples, qui n'avaient
déjà que trop de penchant à y résister.

Mais François, qui ne pouvait souffrir qu'on donnât trop à la prudence humaine lorsqu'il était question des intérêts de Dieu, répondit avec émotion
qu'il était surprenant qu'il ne fût permis d'être lâche
que lorsqu'il s'agissait de la cause de Dieu ; que
s'il avait suivi la profession des armes, comme sa
naissance et sa qualité d'aîné semblaient l'y appeler, on l'eût blâmé si la vue du péril l'eût empêché
de faire son devoir. Il se mit alors en état de partir ;
et prenant Louis de Sales par la main : « Allons,
lui dit-il, où Dieu nous appelle. Il est plus d'un
combat où l'on ne gagne la victoire que par la fuite :
un plus long séjour ne servirait qu'à nous affaiblir, et d'autres, plus généreux que nous, pourraient bien gagner la couronne qui nous était préparée. »

Le comte, étonné de la fermeté de son fils, n'eut

pas la force de le retenir; il se contenta de le suivre
de loin, et l'ayant perdu de vue, il revint pour consoler la comtesse, qui était pénétrée de la douleur
la plus vive, préoccupée des périls auxquels elle
était persuadée que ce fils, qui lui était si cher, allait être exposé.

Cependant François, étant arrivé sur la frontière
du Chablais, se sentit rempli d'un nouveau zèle; et,
se jetant à genoux et fondant en larmes, il pria Dieu
de bénir leur entrée et leur séjour dans cette province, d'être lui-même leur guide et leur force. La
prière finie, il se tourna du côté de Louis de Sales,
et l'embrassant tendrement : « Il me vient, lui dit-il,
une pensée; nous entrons dans cette province pour
y faire les fonctions des apôtres, si nous y voulons
réussir nous ne pouvons trop les imiter. Ren-
voyons nos chevaux, marchons à pied, et conten-
tons-nous comme eux du nécessaire. » Louis de
Sales y ayant consenti, ils arrivèrent à pied aux
Allinges, place forte située au haut d'une petite
montagne détachée de toutes les autres. Le baron
d'Hermance, gouverneur de la province pour le duc
de Savoie, les conduisit sur une plate-forme qui
était au haut du château, d'où l'on découvrait tout le
pays; et leur faisant voir les canons en batterie et la
garnison sous les armes : « J'espère, leur dit-il,
que nous n'aurons pas besoin de tout cela, si les
calvinistes peuvent se résoudre à vous entendre. »
Mais François était occupé d'un spectacle qui le
frappait bien plus vivement; il remarquait de tous
côtés des églises abattues, des monastères ruinés,
des croix renversées, des villes, des bourgs et des
châteaux détruits, suites funestes de l'hérésie et de

la guerre qu'elle avait attirée dans cette belle province. A la vue de ces tristes restes de la religion catholique, qui avait autrefois régné avec tant d'éclat dans le Chablais, il ne put retenir ses larmes; et n'étant occupé que de sa douleur : « Seigneur, s'écria-t-il, les peuples révoltés contre vous et contre votre Christ sont entrés dans votre héritage; ils ont profané vos temples, aboli votre culte, ruiné votre sanctuaire. Levez-vous, Seigneur, jugez vous-même votre cause; mais jugez-la dans votre miséricorde. » Il resta ensuite quelque temps sans parler, versant toujours une grande abondance de larmes; puis se tournant du côté du baron d'Hermance : « Voici, lui dit-il, de grands maux; il faut un grand médecin pour les guérir. »

Ils conférèrent ensuite de ce qui était à faire pour réussir dans la mission qu'ils allaient entreprendre. Le baron d'Hermance leur donna d'excellents avis. Ce n'était pas seulement un fort brave homme, à qui les qualités militaires et les services rendus à l'État avaient acquis l'estime et l'affection de son prince, il avait une expérience consommée et connaissait mieux que personne le génie des peuples qu'il avait à gouverner.

François partit pour Tonon, accompagné de Louis de Sales et d'un seul domestique dont il connaissait le zèle et la fidélité. Son équipage consistait en un sac où il n'y avait qu'une Bible et un bréviaire qu'il portait assez souvent lui-même; il marchait à pied, un bâton à la main, et faisait tous les jours deux grandes lieues par un pays fort rude, pour revenir coucher aux Allinges, dont il ne partait point sans avoir célébré la sainte messe et s'être nourri du

pain des forts. Comme il était d'un tempérament
robuste et qu'il s'était fait une habitude du jeûne,
il s'accoutuma dans peu de temps à souffrir la faim,
la soif et toutes les fatigues qui étaient inséparables
d'un ministère aussi pénible que celui dont il
s'était chargé. Son habit était simple, mais n'avait
rien d'affecté ; comme c'était l'usage dans ce temps-
là de porter des bottines, il s'en servait d'ordinaire ;
et comme les cheveux courts et la barbe touffue
étaient pour lors à la mode, il était à l'extérieur
fort peu différent des séculiers qui se piquaient
de quelque modestie : cela servit à lui donner
entrée chez plusieurs calvinistes qu'il acquit enfin
à l'Église. D'autres missionnaires qu'on lui donna
dans la suite pour adjoints, ayant négligé cette précaution, et faisant même gloire de n'avoir aucune
complaisance pour ces peuples dans les choses les
plus indifférentes, trouvèrent des obstacles qu'ils
eurent bien de la peine à surmonter : tant il est
vrai que les moindres choses auprès des personnes
prévenues sont souvent capables de ruiner les plus
grands desseins! François de Sales avait coutume
de dire à cette occasion, « qu'il ne devait pas
être indifférent de s'attacher obstinément à la pratique des choses indifférentes, lorsque le prochain
ne les regardait pas avec des yeux indifférents. »

Par la même raison d'une charitable condescendance, il résolut de n'user jamais de termes inju-
rieux en parlant des hérétiques et de leur doctrine,
et de n'opposer à leurs outrages et à leurs mauvais
traitements qu'une douceur et une patience invincibles.

La première démarche qu'il fit, étant arrivé à

Tonon, fut d'aller saluer les magistrats, et de leur rendre les lettres que le baron d'Hermance leur écrivait. Les magistrats reçurent ces lettres en apparence avec beaucoup de respect, et promirent d'y obéir; mais le bruit s'en étant répandu dans la ville et aux environs, le peuple pensa se soulever. On disait hautement qu'il fallait chasser ces envoyés du pape, qui venaient les troubler dans la possession paisible où ils étaient de leur religion; qu'il fallait les traiter d'une manière qui leur fît perdre l'envie d'y revenir.

Pendant que ces choses se passaient à Tonon, on opinait à Genève, qui n'en est qu'à quatre ou cinq lieues, avec bien plus de dureté contre les deux missionnaires. On prétendit que le duc de Savoie ayant violé, en les envoyant, les derniers traités de paix, on n'était plus obligé de les observer; qu'il fallait se défaire des deux missionnaires, de quelque façon que ce fût, et même qu'il était permis de les tuer, si on ne pouvait autrement les obliger de se retirer.

Ces nouvelles étant venues à Tonon redoublèrent l'emportement du peuple contre les deux missionnaires, et l'on porta les choses à des extrémités qui ébranlèrent la contenance de Louis de Sales. Il demandait à François ce qu'il prétendait qu'ils fissent parmi ce peuple mutiné: quelle apparence il y avait qu'ils en fussent écoutés. Mais François, l'embrassant tendrement, lui représenta qu'il ne leur était encore rien arrivé à quoi ils n'eussent dû s'attendre; qu'il ne pensait pas qu'il eût cru que ces peuples viendraient au-devant d'eux, et que renonçant tout d'un coup à leurs préjugés, ils courraient en foule pour les entendre.

Le baron d'Hermance ayant appris d'eux-mêmes la manière dont ils avaient été reçus à Tonon, ne fut pas d'avis, ni qu'on abandonnât la mission, ni qu'on la remît à un autre temps ; il crut au contraire qu'il y allait de l'honneur du duc de Savoie qu'elle ne fût point interrompue ; mais il crut aussi qu'il fallait pourvoir à leur sûreté, et qu'il ne devait pas les abandonner aux insultes d'une populace aveugle, obstinée dans ses erreurs et animée par les émissaires de Genève : sur cela il leur offrit une bonne escorte de sa garnison. François la refusa absolument, et protesta au baron d'Hermance, qui s'obstinait à la leur donner, qu'il abandonnerait plutôt la mission que de souffrir qu'on fît la moindre violence à ceux de Tonon, ou qu'on leur donnât sujet de publier qu'on avait voulu user de contrainte à leur égard. Il ajouta qu'ils étaient entrés en apôtres dans le Chablais, qu'ils prétendaient continuer comme ils avaient commencé, et qu'ils n'emploieraient jamais d'autres armes contre les hérétiques que celles de la parole de Dieu ; et tout ce que le baron put obtenir de lui fut qu'avant qu'il retournât à Tonon, il écrirait une seconde lettre au conseil de la ville, pour lui faire connaître ses véritables intérêts, et le rendre de nouveau responsable de tout ce qui pourrait arriver contre les intentions et l'autorité de leur souverain, et qu'il ne partirait point qu'il n'eût reçu de réponse. En conséquence de cette résolution, le baron d'Hermance écrivit au conseil de Tonon.

Le conseil répondit à ces lettres en rejetant ce qui s'était passé sur la populace, dont on n'est pas toujours maître dans les occasions imprévues, et en promettant d'employer son autorité pour faire exécuter les intentions du prince avec tout le respect qui leur était dû.

En effet, François étant retourné à Tonon, y fut reçu avec plus de considération; mais il n'y fut pas longtemps sans apprendre qu'on avait fait des défenses très-secrètes et très-rigoureuses de l'aller entendre et d'avoir aucun commerce avec lui. Elles furent exécutées si ponctuellement, qu'il se vit au milieu de Tonon aussi abandonné et aussi solitaire que s'il eût été au milieu d'un désert. Il ne laissait pas d'y venir tous les jours des Allinges avec autant de ponctualité que s'il y eût eu les affaires les plus pressantes, et il partait souvent par des temps si rudes et si fâcheux, que les paysans les plus robustes n'osaient pas se mettre en chemin. On avait beau lui représenter les dangers apparents auxquels il s'exposait assez inutilement, il répondait toujours par ces paroles du Sauveur : « Ne savez-vous « pas que je ne suis ici que pour faire les affaires « de mon Père qui est au ciel? » Il ajoutait que Dieu savait seul le temps et le moment qu'il avait marqué pour la conversion de ce pauvre peuple; qu'il arriverait lorsqu'on y penserait le moins ; qu'ainsi il devait toujours se tenir prêt pour en profiter.

Un jour qu'il était parti plus tard que de coutume de Tonon pour s'en retourner aux Allinges, la nuit le surprit ; il s'égara, et après avoir fait inutilement bien du chemin, il arriva fort tard dans un village dont toutes les maisons étaient fermées. La terre était couverte de neige, et le froid si violent, que, même pendant le jour, les paysans étaient con-

traints de demeurer renfermés avec leurs troupeaux. Il frappa à toutes les portes, conjurant les
habitants, par tout ce qui était le plus capable de
les toucher, de ne le pas laisser périr de froid;
mais ils n'avaient garde de lui ouvrir : ils étaient
tous calvinistes; et pour surcroît de malheur, son
valet l'avait nommé, croyant leur inspirer de la
considération. Mais Dieu, qui n'abandonne jamais
les siens, lui fit rencontrer, dans cette extrémité,
le four du village qui était encore chaud; ils s'y
logèrent comme ils purent, et ce fut ce qui leur
sauva la vie, qu'ils ne pouvaient autrement éviter
de perdre.

Il pensa périr encore une autre fois par la dureté
des habitants d'un autre village. Il était arrivé de
nuit par une pluie violente, mais il ne put jamais
obtenir qu'on le mît à couvert, quelque prière qu'il
en pût faire; et il fut contraint de passer la nuit exposé à la pluie, louant Dieu, comme les apôtres, de
ce qu'il l'avait jugé digne de souffrir pour la gloire
de son nom.

Des contre-temps si fâcheux auraient porté tout
autre, moins soumis aux ordres de Dieu et moins
zélé pour sa gloire, à prendre des précautions pour
éviter de pareilles extrémités; mais François, incapable de ménager sa vie lorsqu'il s'agissait du
salut des âmes, tomba encore quelque temps après
dans un inconvénient qui ne cédait guère aux deux
que l'on vient de raconter. A la sortie de Tonon,
comme il se retirait aux Allinges, il rencontra un
calviniste qui l'attendait, et qui lui dit qu'il était
touché de ses bons exemples, de sa patience, de
sa douceur et des peines incroyables qu'il prenait

tous les jours pour procurer le salut d'un peuple
qui les reconnaissait si mal ; que, comparant sa vie
avec celle de ses ministres, il avait cru que la pureté de la doctrine pourrait bien être du côté où se
trouvait celle des mœurs ; qu'il s'adressait à lui
pour en être instruit, et qu'il le conjurait, par le
sang de Jésus-Christ répandu pour le salut de son
âme, d'avoir pitié de lui et de ne pas différer son
instruction.

La nuit approchait : il était d'autant plus dangereux pour François de retarder son départ, qu'il
avait une forêt à traverser : il paraissait naturel de
remettre cette instruction au lendemain : c'était le
sentiment de Louis de Sales, et le domestique
même, qui ne le quittait point et qui avait couru
avec lui de si grands dangers, l'en conjurait instamment; mais François leur répondit que personne
n'était assuré du lendemain, et qu'il se reproche-
rait toute sa vie d'avoir négligé le salut d'une âme
par l'appréhension des maux qui n'arriveraient peut-
être pas, et dont Dieu aurait la bonté de les préserver.

Ce que Louis de Sales avait prévu arriva : François demeura si longtemps avec le calviniste, que
la nuit les surprit à l'entrée de la forêt, et devint
si obscure, qu'il fut impossible de trouver le chemin; cependant les hurlements des loups, les cris
des ours et des autres bêtes sauvages descendues
des montagnes voisines, avaient quelque chose de
si terrible, qu'il n'était pas possible de n'en être pas
effrayé. Le domestique mourait de peur, Louis de
Sales n'était guère plus rassuré; le seul François,
plein de confiance en Dieu, les consolait et leur

promettait de sa part qu'il les délivrerait de ce
danger, comme il avait délivré Daniel de la fosse
des lions, où il courait un péril beaucoup plus
grand que celui auquel ils se trouvaient exposés
pour n'avoir pas voulu refuser à une âme le secours
qu'elle leur demandait en son nom. Dans ce même
temps, la lune s'étant levée, il aperçut qu'ils n'é-
taient pas loin d'un bâtiment ruiné, où il y avait
encore quelque reste de voûte qui pouvait les
mettre à couvert des injures du temps; ils y entrèrent et y passèrent le reste de la nuit; mais il fut
impossible à François de prendre le moindre repos.
La lune, qui était devenue plus claire, lui fit apercevoir que ces ruines étaient celles d'une église que
les hérétiques avaient détruite. Cette vue rappela
dans son esprit l'état pitoyable où se trouvait la
religion dans le Chablais, les temples renversés,
les prêtres chassés, l'ancien culte aboli, l'hérésie
triomphante, la vérité bannie, l'aveuglement du
peuple, sa dureté et son obstination presque invincible à résister à la voix de Dieu, qui le rappelait
au sein de l'Église catholique, dont l'erreur et la
séduction l'avaient si violemment arraché.

Le jour trouva François occupé de saintes pensées; il réveilla ses compagnons, qui s'étaient en-
dormis; ils retrouvèrent leur chemin, et arrivèrent
enfin aux Allinges.

Si ces travaux paraissaient inutiles à l'égard du
peuple du Chablais, ils ne l'étaient pas à l'égard de
la garnison des Allinges. Sa piété, son zèle pour le
salut des âmes et son extrême douceur lui avaient
acquis l'estime et la confiance des officiers et des
soldats; il s'en servit pour les gagner à Dieu et

3

faire régner parmi eux sa crainte et son amour; il commença par convertir à la foi catholique quelques soldats calvinistes qui s'étaient enrôlés avec les autres; et, Dieu bénissant ses soins, leur conversion fut si parfaite, qu'ils changèrent entièrement de vie, et furent aussi réglés dans leurs mœurs qu'ils l'étaient devenus dans leur croyance. Ils l'aidèrent même à ramener les soldats catholiques à une meilleure vie.

Trois grands désordres régnaient alors parmi les gens de guerre, le blasphème, les duels et l'ivrognerie. François entreprit d'y remédier, et le succès passa ses espérances : ses historiens rapportent qu'il régla si bien cette garnison, que les officiers et les soldats paraissaient plutôt des religieux que des gens de guerre; ce n'est pas qu'il les portât à la pratique des vertus qui ne convenaient point à leur état; jamais homme n'a mieux su que saint François de Sales régler chacun selon sa condition; mais il leur inspira si ardemment la crainte des jugements de Dieu, et leur persuada si bien que plus la profession des armes les engageait à exposer leur vie, plus ils devaient être en état de ne point craindre les suites funestes d'une mauvaise mort, qu'il les changea en d'autres hommes, et leur inspira cette droiture de cœur et cette piété sincère qui, bien loin d'être incompatibles avec le courage et la valeur, ne contribuent pas peu à les augmenter et à les faire paraître avec plus d'éclat.

On vit dans cette occasion quelque chose de semblable à ce qui se passa du temps des Apôtres dans la conversion des gentils. Les gens de guerre furent

les premiers appelés à la foi, en la personne de Cor-
neille, capitaine de cent hommes, et de quelques-
uns de ses soldats, Dieu voulant faire voir qu'il
n'y a point d'état incompatible avec la sainteté.
De même la conversion du Chablais commença par
celle des Allinges, comme si Dieu eût voulu auto-
riser la mission de François, en rendant ses suites
si conformes à celles de la mission des Apôtres.

Enfin le temps que Dieu avait marqué pour la
conversion du Chablais arriva : Genève s'y opposa
inutilement par ses émissaires, et les ministres
calvinistes, par leurs cabales, leurs calomnies et
leurs prédications séditieuses, y formèrent en vain
des obstacles. Il n'est ni force ni conseil qui puissent
empêcher l'exécution de ce que le Seigneur a une
fois résolu.

Quelque prévenus que les habitants de Tonon
fussent contre François, ils ne laissaient pas d'être
touchés de sa piété, de sa douceur, de sa patience
invincible et de son zèle infatigable pour le salut
des âmes. En vain les ministres calvinistes attribuaient tout ce qu'il faisait à une ambition cachée,
qui allait à ses fins par un chemin rude, à la vérité;
mais qui y conduisait d'autant plus infailliblement,
qu'il paraissait s'en éloigner : l'éclat de sa vertu,
son désintéressement et le peu de soin même qu'il
avait de repousser les calomnies dont on s'efforçait
de le noircir ; sa confiance en Dieu, qui paraissait
être son unique espérance ; l'innocence et la simplicité de ses actions infiniment éloignées des vues et
des prétentions humaines, parlaient si hautement
en sa faveur, que les plus endurcis ne pouvaient
s'empêcher de l'entendre.

D'ailleurs, comme les officiers et les soldats de la garnison des Allinges venaient assez souvent à Tonon, ils y parlaient de la vertu et des grandes qualités de François avec une liberté que rien n'était capable d'empêcher; mais leur conduite faisait son éloge d'une manière bien plus convaincante. On ne pouvait s'empêcher d'admirer un changement où la main du Très-Haut paraissait d'une manière si visible; mais on ne pouvait aussi s'empêcher d'estimer l'instrument dont il s'était servi pour le produire. C'est ainsi que Dieu disposait les cœurs en faveur de son serviteur, et qu'il ouvrait le chemin aux grandes choses que l'on va raconter.

En effet, François, s'étant aperçu que l'aversion que le peuple du Chablais avait pour lui diminuait tous les jours, et qu'on n'évitait plus sa rencontre avec tant de soin, crut qu'il pouvait aller dans les maisons des particuliers leur rendre des visites de civilité; il n'y parlait que de choses indifférentes, et se contentait de les accoutumer insensiblement à le souffrir. Il est certain que son extrême douceur donnait à sa conversation des charmes dont il n'était pas aisé de se défendre : on se sentait prévenu en sa faveur dès qu'il ouvrait la bouche, et il gagnait en même temps l'estime et l'affection de ceux qu'il fréquentait, sans qu'il leur fût possible de s'en défendre. Les manières brusques et impérieuses des ministres contribuaient à relever les siennes; et la dureté avec laquelle ils le traitaient quand ils se rencontraient avec lui; les injures dont ils l'accablaient, ne servaient qu'à faire ressortir avec plus d'éclat sa modération et sa douceur, et à lui acquérir une nouvelle estime dans l'esprit de ceux qui

étaient tous les jours témoins des emportements de
ses adversaires et de la patience avec laquelle il les
souffrait.

Les choses étaient en cet état, lorsqu'on vint dire
à François que deux gentilshommes de sa connaissance venaient de sortir de la ville pour aller se battre
en duel à la campagne. Il y courut avec ce zèle qui
ne l'abandonnait jamais. Ils se portaient déjà de
terribles coups, et la fureur qui était peinte sur leurs
visages, ne laissait aucun lieu de douter que ce
combat ne finît par la mort d'un des combattants,
ou peut-être même de tous les deux. François les
sépara au péril de sa vie, et sut leur représenter si
vivement l'énormité de ces combats singuliers, que
les lois divines et humaines condamnent également,
et le danger où ils s'étaient mis de se perdre éternellement pour un point d'honneur mal entendu,
qu'il les réconcilia sur-le-champ et les obligea de
s'embrasser. La grâce que Dieu avait pour ainsi dire
attachée à son ministère fit quelque chose de plus:
elle les changea en d'autres hommes; ils lui firent
tous deux une confession générale de leurs péchés,
et changèrent de vie. L'un des deux particulièrement, encore plus vivement touché que l'autre,
abandonna le monde, et se retira dans une maison
de campagne assez agréable qu'il avait proche de
Tonon. C'était tout ce qui lui était resté des débris
de sa fortune. Là, détrompé de tous ces vains objets
pour lesquels il avait pensé tant de fois perdre son
âme, il repassait dans l'amertume de son cœur les
jours malheureux qu'il avait passés dans l'abandon
de Dieu et dans l'oubli presque entier de son salut. François, qui l'avait gagné à Dieu et lui avait

conseillé cette retraite, ne le perdait point de vue
et le visitait tous les jours. Il lui inspira une vertu
semblable à celle dont il faisait profession. De fier,
d'emporté, de vindicatif qu'il était, il devint doux,
patient, complaisant, honnête. Comme il était déjà
avancé en âge, il lui avait fallu vaincre pour cela
des habitudes invétérées ; cependant la pratique des
vertus contraires à son tempérament et à ses pen-
chants, paraissait en lui si naturelle, qu'il semblait
ne se faire aucune violence.

Comme ce gentilhomme avait servi longtemps
dans les armées avec beaucoup de réputation, et
qu'il y avait acquis cette expérience si nécessaire
dans la plupart des fonctions de la vie civile, la
noblesse des environs et les plus considérables de
Tonon lui rendaient de fréquentes visites. Il parlait
avec beaucoup de reconnaissance de la grâce que
Dieu lui avait faite, et avec une estime extraordinaire de François, dont il s'était servi pour le retirer
de ses égarements ; il leur inspirait l'envie de le
connaître et de l'entretenir. François secondait ses
desseins ; et Dieu secondant lui-même leurs saintes
intentions, cette maison devint le rendez-vous de
tous ceux dont Dieu avait touché le cœur. François
commença à y tenir des conférences réglées.

On résolut alors de faire assassiner le gentilhomme qui avait prêté sa maison à François pour y
tenir ces conférences, dans l'intention d'empêcher
les autres, par ce terrible exemple, d'avoir avec lui
de pareilles liaisons. Un gentilhomme calviniste de
ses parents, aveuglé d'un faux zèle pour sa religion,
se chargea de l'exécution. Il y a bien de l'apparence
qu'il ne conçut pas ce dessein tout seul, puisque le

gentilhomme catholique en fut averti. On lui con-
seillait de prendre des précautions capables de le
rendre supérieur à son ennemi, et il ne manquait pas
d'amis qui fussent accourus à son secours sur le moindre avis qu'il leur eût donné du danger dont il était
menacé; mais il répondit que si son ennemi venait
seul, il n'avait pas besoin de secours pour se défendre ; que, s'il était accompagné, il aurait toujours
assez de temps pour prendre ses mesures. Le lendemain du jour où l'avis eut été donné, le gentilhomme
calviniste vint chez lui avec tous les airs d'un ami
qui ne cherche qu'à se divertir; il était seul et ne
paraissait point avoir d'autres armes que son épée.
Le catholique le reçut avec sa douceur et son honnêteté ordinaires; ils passèrent ensemble tout le
reste du jour, et le calviniste n'entreprit rien, soit
qu'il eût de la peine à exécuter un crime si honteux
pour un gentilhomme, ou qu'il ne trouvât pas l'occasion favorable à l'exécution de son mauvais dessein. Le lendemain le gentilhomme catholique, qui
voulait lui parler en liberté, l'invita à s'aller pro-
mener dans la campagne; ils sortirent seuls, et le
catholique, l'ayant mené dans un endroit où il ne
craignait pas d'être interrompu, lui déclara qu'il
était instruit de son dessein : le calviniste changea
de couleur, mais le catholique l'assura qu'il n'avait
rien à craindre de son ressentiment; que si la religion calviniste le portait à assassiner ses parents et
ses amis, la religion catholique obligeait, à l'exemple de Jésus-Christ, de pardonner à ses plus mortels
ennemis. Il l'embrassa ensuite avec une cordialité
qui acheva de confondre le calviniste, qui lui avoua
son infâme projet, lui en demanda pardon et lui

protesta qu'il n'aurait point à l'avenir de meilleur ami que lui.

Mais le temps des miséricordes de Dieu pour ce gentilhomme était venu, et la même grâce qui avait fait autrefois le plus zélé des Apôtres du plus ardent persécuteur de l'Église, agissant dans son cœur, il demanda lui-même à parler à François : ce saint homme acheva, dans les entretiens particuliers, ce que l'exemple du gentilhomme catholique avait commencé ; le calviniste abjura ses erreurs, et devint un défenseur aussi zélé de la religion catholique, qu'il l'avait été de celle qu'il professait auparavant.

La conversion de ce gentilhomme fit d'autant plus de bruit dans le monde, qu'on savait qu'il était partisan du calvinisme jusqu'à se porter aux violences les plus extraordinaires pour le maintenir ; et l'on ne pouvait concevoir comment il avait pu passer tout d'un coup d'une extrémité à l'autre. Ceux qui donnaient tout aux moyens humains, et qui ignoraient la force que la grâce de Dieu avait comme attachée au ministère de François, publiaient que le gentilhomme avait été gagné à force de promesses, et d'autres voulaient qu'on lui eût compté une somme d'argent considérable ; mais ces bruits faisaient d'autant moins d'impression, qu'on savait que François faisait cette mission à ses dépens, et que ses aumônes aux nouveaux catholiques le réduisaient assez souvent à manquer du nécessaire.

Mais si cette conversion faisait du bruit dans le Chablais, un écrit que François venait de publier y en faisait bien davantage. On y voyait la doctrine de l'Église catholique justifiée d'une manière si claire, qu'il n'était pas possible d'y répondre; car il eût fallu pour cela prouver, ou que le concile de Trente l'avait ignorée, ou que François l'avait ou mal citée ou falsifiée, ou que l'Église catholique ne suivait pas les sentiments de ce concile; mais ces réponses avaient si peu de vraisemblance, que les ministres eux-mêmes ne crurent pas devoir s'en servir. Cependant leur silence faisait une impression si désavantageuse au calvinisme dans l'esprit des peuples, qu'il se faisait tous les jours de nouvelles conversions : elles n'étaient plus même si secrètes, et l'on ne se cachait presque plus quand on allait entendre François : les amis y menaient leurs amis, les pères leurs enfants, les maîtres leurs domestiques, et ceux de la campagne venaient exprès à Tonon pour assister à ses sermons.

On gagna alors deux assassins; on leur compta une partie de la somme dont on était convenu; on leur promit le reste après l'exécution, et l'on convint avec eux qu'ils l'assassineraient sur le chemin des Allinges, lorsqu'il y retournerait. Mais comme François avait des partisans qui n'étaient pas connus parmi les calvinistes, ce complot ne put être si secret, que les nouveaux catholiques n'en fussent avertis. Ils allèrent le trouver et lui apprirent, les larmes aux yeux, le danger auquel il était exposé; mais François leur parla avec tant de force et d'onction de la confiance en Dieu, de la gloire et du bonheur du martyre, qu'il les remplit de cette consolation dont il était lui-même pénétré au milieu des périls dont il était environné. Il reçut cependant l'offre que quelques-uns d'entre eux lui faisaient de l'accompagner jusqu'aux Allinges : ils partirent

ensemble ; mais à peine furent-ils entrés dans un
bois par où il fallait nécessairement passer, que
les deux assassins sortirent d'entre les buissons où
ils s'étaient cachés, et l'abordèrent l'épée nue à la
main. Dans cet extrême danger, François ne perdit
rien de sa fermeté ordinaire ; il défendit à ceux qui
l'accompagnaient de se servir de leurs armes ; et
allant au-devant de ces assassins avec cette tranquillité et cette douceur qui ne l'abandonnaient
jamais : « Vous vous méprenez, mes amis, leur
dit-il ; il n'y a pas apparence que vous en vouliez
à un homme qui, bien loin de vous avoir offen-
sés, donnerait de tout son cœur sa vie pour vous. »

Ce peu de paroles calma dans le moment la rage
dont ces furieux étaient transportés ; ils demeurè-
rent quelque temps immobiles ; puis, se jetant à ses
pieds, ils lui demandèrent pardon, et lui protestèrent
qu'à l'avenir il n'aurait point de serviteurs plus
fidèles ni plus disposés à le suivre partout. François
les releva, leur pardonna, les embrassa tendrement
et leur conseilla de s'éloigner pour éviter les poursuites du gouverneur de la province, qui n'aurait
pas tant d'indulgence que lui s'ils tombaient entre
ses mains. Ceux qui accompagnaient François, et
qui attribuaient le repentir apparent de ces deux
scélérats à l'impuissance où ils s'étaient trouvés
d'exécuter leur mauvais dessein en présence de
tant de témoins, ne pouvaient souffrir qu'ils en
fussent quittés à si bon marché ; ils se sentaient
assez forts pour les arrêter, et voulaient absolument
les conduire aux Allinges et les mettre dans les
mains du gouverneur. Le domestique de François
paraissait le plus échauffé, et s'obstinait à lui re-

présenter qu'il serait tous les jours exposé à de pareils attentats, si l'on négligeait de les punir; mais François, se servant de toute son autorité, voulut absolument qu'on les laissât aller, et défendit même de parler de cette aventure.

Quand on fut arrivé aux Allinges, le domestique ne se crut pas obligé de lui obéir; il raconta ce qui s'était passé au baron d'Hermance. Celui-ci en conclut que c'en était fait de son autorité, s'il souffrait que l'on commît de pareils crimes à la vue de sa forteresse et pour ainsi dire sous ses yeux, et il allait ordonner un détachement pour courir après ces assassins et les lui amener vifs ou morts, lorsque François, auquel il ne pouvait rien refuser, s'y opposa si fortement, qu'il fut contraint de fermer les yeux sur un attentat qui, à la vérité, pouvait avoir de terribles suites : ce fut pourtant à une condition qu'il jugeait absolument nécessaire, et que François ne laissa pas de refuser ; il prétendit qu'il n'irait plus à Tonon et qu'il n'en reviendrait plus sans une escorte. François s'en défendit en vain : le baron voulut absolument que six soldats bien armés, commandés par un sergent, l'accompagnassent partout. Ils le firent malgré lui; mais François, qui ne pouvait souffrir ces précautions, ne fut pas longtemps sans trouver le moyen de s'en délivrer.

Il proposa au baron le dessein qu'il avait de s'établir à Tonon. Quelque plausibles que parussent ses raisons, le baron d'Hermance ne fut pas de son sentiment; mais François, qui, en acceptant la mission du Chablais, avait abandonné sa vie aux soins de la Providence, et qui était d'ailleurs plein de confiance en Dieu et en la toute-puissance de sa

grâce, lui promit de conduire toutes choses avec
tant de douceur et de circonspection, qu'il n'arriverait aucun des inconvénients qu'il croyait avoir
lieu de craindre. Le baron fit encore quelques instances; mais enfin, touché de la peine que le saint
prêtre avait à aller et à revenir tous les jours de
Tonon, il consentit qu'il allât s'y établir, et écrivit
de nouveau aux magistrats pour les rendre res-
ponsables de tout ce qui pourrait lui arriver de
fâcheux.

Les catholiques reçurent François avec une joie
qui ne peut s'exprimer : le respect, l'estime et la
confiance qu'ils avaient en lui ne pouvaient aller
plus loin : ils le regardaient comme un homme véritablement apostolique, plein de grâces et de force,
infiniment éloigné de tous les intérêts humains, et
qui n'avait en vue que la gloire de Dieu et leur salut. François, de son côté, soutenait son ministère,
comme parle l'Apôtre, d'une manière digne de Dieu;
rien n'échappait à sa charité et à ses soins ; il donnait les jours à l'instruction et aux conférences, à
la visite des pauvres et des malades, et les nuits à
l'étude, à la prière et à la réconciliation des pécheurs. Sa vie soutenait ses prédications, et ses prédications achevaient ce que ses bons exemples avaient
commencé.

Une manière de vie si apostolique eut le succès
dont Dieu avait béni la mission des Apôtres : rien ne
ressemblait mieux à l'Église naissante que sa petite
Église de Tonon : même charité pour les frères,
même zèle pour la foi, pareille pureté dans les
mœurs, car enfin François comptait pour peu de
chose qu'on abjurât ses erreurs, si l'on ne chan-

geait pas de vie, si la grâce ne surabondait pas où le péché avait abondé ; et la bénédiction que Dieu avait attachée à son ministère allait tout à la fois à éclairer l'esprit et à changer les cœurs. Mais rien ne frappait plus les yeux des hérétiques qui n'étaient pas tout à fait endurcis, que la manière dont les pauvres et les malades étaient secourus. François y employait tout ce qu'il avait pour vivre, de sorte qu'après avoir nourri les autres il était souvent réduit à souffrir la faim. Il sollicitait sans cesse ses parents et ses amis d'assister les pauvres fidèles du Chablais : il recevait souvent des sommes considérables, mais qui étaient bien modiques par rapport à sa charité : les catholiques secondaient son zèle, et l'on voyait régner parmi eux une sainte épargne, qui n'avait d'autre but que le soulagement des pauvres.

L'éclat de tant de vertus attirait tous les jours à l'Église quelque nouveau fidèle ; mais il augmentait en même temps la fureur que les hérétiques avaient conçue contre François. Au milieu de la nuit, comme François était en prière, selon sa coutume, il entendit un bruit d'armes et ensuite celui de plusieurs personnes qui parlaient bas : il jugea aussitôt que sa maison était investie, qu'il était impossible de se sauver, et qu'on en voulait à sa vie. Il imita dans cette occasion la conduite du Sauveur, qui, sachant que son heure n'était pas venue, se déroba à la fureur des Juifs en se cachant, comme il alla au-devant d'eux lorsque le temps marqué par son Père fut arrivé.

François avait à peine pourvu à sa sûreté, que la porte de son logis fut enfoncée, et que les sédi-

tieux, y entrant avec de grands cris, le cherchèrent
partout sans le pouvoir trouver ; ils s'imaginèrent
sur cela qu'ils s'étaient mépris, et que François était
chez quelqu'un des catholiques occupé à l'instruire,
ou pour soulager quelque malade. Comme il ne
faisait pas sûr pour eux dans cette maison, quelque
favorables que les magistrats leur fussent en secret,
car ils ne pouvaient se dispenser, pour s'acquitter
de leur charge, de venir au secours de François,
ils en sortirent au plus vite. Ce saint homme, ayant
évité un si grand danger, n'en eut pas moins de
zèle, et le péril qu'il venait de courir ne servait
qu'à augmenter la confiance qu'il avait en Dieu.

Cependant le baron d'Hermance, informé de ce
nouvel attentat, n'oublia rien pour en découvrir les
auteurs, dans l'intention d'en faire une sévère pu-
nition ; mais comme tous ceux qui pouvaient être témoins étaient complices, il ne put parvenir à se procurer des renseignements assez positifs pour faire des
poursuites. François fit, dans cette occasion, une
action d'une charité héroïque : du lieu où il était
caché, il en avait reconnu quelques-uns ; non-seulement il ne les découvrit pas, mais il n'épargna
même rien pour apaiser le baron d'Hermance, et
pour empêcher qu'on ne connût les auteurs de cette
horrible action.

Ces scélérats, bien loin d'être touchés d'une générosité qui a si peu d'exemples, en prirent occasion
d'accuser le zélé missionnaire d'être sorcier. Ils
avaient appris qu'il était dans sa maison lorsqu'ils
l'y avaient cherché ; ils publièrent qu'à moins d'a-
voir eu le secret de se rendre invisible, il lui eût
été impossible de leur échapper. Il se trouva même

un habitant de Tonon qui, sans faire réflexion au contre-coup qu'un pareil témoignage portait contre lui-même, assura publiquement avec serment qu'il l'avait vu au sabbat, et qu'il y était fort considéré. C'est ainsi que les Juifs accusaient le Sauveur de chasser les démons au nom de Béelzébuth leur prince. François, ayant appris cette horrible calomnie, n'en fit que sourire ; puis faisant le signe de la croix : « Voilà, dit-il, tous les charmes dont je me sers ; c'est par ce signe que j'espère vaincre l'enfer, bien loin d'être d'intelligence avec lui. »

Mais si la foi dont François était animé le rendait intrépide au milieu des plus grands dangers, il n'en était pas de même de ses parents et de ses amis. Le président Faure, l'évêque de Genève même, et surtout le comte de Sales son père, lui écrivirent fortement pour l'obliger à quitter le Chablais et à revenir à Annecy, où son zèle ne manquerait pas d'occupation.

François était bien éloigné de partager ces sentiments : les obstacles qu'il rencontrait ne servaient qu'à augmenter son zèle. Il n'était pas de ces esprits impétueux qui s'attirent des affaires par des empressements mal réglés ; mais il était infiniment éloigné de cette basse timidité qui se figure des dangers où il n'y en a point, qui grossit les médiocres, et qui s'effraie des moindres apparences. Il évitait soigneusement de défier ou irriter ses ennemis ; mais il ne fuyait pas devant eux, et allait même les chercher, lorsque la cause de Dieu et les fonctions de son ministère l'exigeaient de lui. La crainte de la mort ne l'a jamais empêché de faire son devoir ; on en a déjà vu des preuves, et l'on

verra dans la suite de cette histoire que le martyre
lui a plutôt manqué qu'il n'a manqué au martyre.

Le bruit de l'assassinat projeté contre François,
dont on vient de parler, s'étant répandu partout,
fit sur l'esprit des moins prévenus tout l'effet qu'on
avait lieu d'en attendre. On disait hautement que si
les ministres se sentaient assez forts pour répondre à François, on n'aurait pas recours à de telles
violences; que d'employer des assassins dans une
pareille conjoncture, c'était une preuve évidente
qu'ils se défiaient de leur cause, et qu'ils étaient
trop faibles pour la soutenir.

Quelque honte qu'il y eût pour les ministres à
continuer à se taire dans une occasion où il leur
était si important de parler et de mettre au moins
les apparences de leur côté, ils s'obstinèrent à garder le silence; ils se contentaient de déclamer dans
leurs prêches contre la doctrine catholique et contre François qui la défendait; mais quand on leur
proposait d'entrer en conférence avec lui et de
convenir d'une discussion réglée, personne ne se
présentait, et ils trouvaient toujours de nouveaux
prétextes pour s'en dispenser. Cependant, comme
le mal pressait et qu'ils ne pouvaient se dispenser
d'y appliquer quelque remède qui pût au moins
en retarder le cours, ils firent des défenses très-
sévères d'aller entendre François et d'avoir aucun
commerce avec lui. Ces défenses ne firent qu'augmenter la curiosité du peuple : on courait en foule
à ses sermons, et il le témoigna lui-même dans
une lettre qu'il écrivit en ce temps-là à Louis de
Sales, son frère.

Il est rare que l'on convienne de quelque chose

dans des assemblées composées de plusieurs personnes qui ont à peu près une égale autorité, soit que chacun se pique de faire prévaloir son sentiment, et qu'il croie qu'il y a de la honte à céder à celui d'autrui; soit qu'il s'y trouve plus de gens propres à former des difficultés qu'il ne s'en trouve de capables de les résoudre. Ce fut ce qui arriva dans le consistoire tenu à Tonon : on y proposa des difficultés et des expédients, mais on ne put s'accorder. François témoigne lui-même, dans la lettre écrite à son frère, dont on a déjà parlé, que les ministres étaient fort embarrassés à son occasion; qu'il les avait réduits à la nécessité d'en venir à une conférence, mais qu'ils ne pouvaient prendre sur cela aucune résolution. Cet embarras devint bien plus grand lorsque François, qui connaissait leur faible, et qui était résolu d'en profiter, les pressa lui-même, par plusieurs écrits publics, d'accepter la conférence comme une chose absolument nécessaire pour terminer leurs différends, et pour remédier au scandale que leur silence avait causé dans l'esprit du peuple.

Un défi si public ne pouvait se dissimuler, et il était d'ailleurs trop dangereux de tromper plus longtemps l'attente des catholiques et des calvinistes pour le refuser. La conférence fut donc acceptée; on convint du jour, du lieu, des matières qui y seraient traitées, et de tout ce qui pourrait en procurer un heureux succès.

Le bruit s'en étant répandu attira à Tonon une foule de gens qui s'y rendirent de Genève, des villes voisines et de tout le Chablais. François arriva le premier au lieu destiné pour la conférence. On

s'attendait que les ministres ne manqueraient pas
de s'y trouver, et les calvinistes publiaient déjà
leur victoire; mais ils furent bien surpris lorsque
les ministres, au lieu de comparaître, envoyèrent
s'excuser sur ce qu'on n'avait pas eu la précaution d'obtenir la permission du duc de Savoie. Ce
respect apparent pour l'autorité du souverain, dont
on savait qu'ils s'étaient eux-mêmes dispensés dans
des occasions bien plus délicates, ne satisfit aucun
des deux partis.

Cependant, comme ce prétexte, tout vain qu'il
était, ne laissait pas de pouvoir paraître plausible,
François reçut cette excuse avec beaucoup d'honnêteté, et fit dire aux ministres qu'il répondait
de tout, qu'il se chargeait d'obtenir la permission
du duc, et de lui faire approuver tout ce qu'on aurait
fait avant de l'avoir obtenue. Les ministres répondirent que sa caution n'était pas suffisante, et
que, dans les choses qui pouvaient aller contre
l'autorité du souverain, on ne pouvait prendre trop
de précautions. François repartit à cette seconde
excuse, qu'en attendant la permission du duc
on pouvait se contenter de celle du baron d'Hermance, gouverneur de la province, à qui ce prince
avait donné tout pouvoir pour les choses qui con-
cernaient la religion, et qu'il se chargeait de l'obtenir.

Il semblait qu'il n'y eût plus moyen de reculer,
et tout le monde s'attendait que les ministres se
rendraient enfin à la conférence. Cependant, comme ils avaient résolu de ne se point commettre avec
François, méprisant tout ce qu'on pouvait penser
d'une fuite si honteuse, et qui mettait au moins

les apparences du côté des catholiques, ils répondirent qu'ils ne reconnaissaient l'autorité du baron d'Hermance que pour les affaires purement civiles; mais qu'étant question d'une assemblée où il s'agissait de la religion, il fallait absolument la permission du prince; que, si les choses ne réussissaient pas selon ses intentions, il en serait quitte pour désavouer le gouverneur, et qu'on ne manquerait pas de traiter leur assemblée d'attentat contre l'autorité du souverain.

Cette conduite ne pouvait qu'affermir les nouveaux catholiques dans la foi, et scandaliser étrangement les calvinistes. Le scandale alla si loin, qu'un des ministres mêmes, ayant honte de la mauvaise foi de ses confrères, vint trouver François en particulier, et lui dit qu'il voulait tenir la parole qu'on lui avait donnée et conférer avec lui. Cette conférence n'eut point tant d'éclat et ne fit pas tant de bruit qu'en aurait fait celle dont on vient de parler; mais comme on agissait de part et d'autre de bonne foi, elle eut un succès que l'autre apparemment n'aurait pas eu.

François de Sales lui fit voir si clairement qu'on avait défiguré la doctrine de l'Église, qu'on lui attribuait des sentiments qu'elle n'avait point, et des conséquences de ses véritables sentiments qu'elle avait toujours désavouées; en un mot, qu'elle n'enseignait rien que de saint et d'orthodoxe, quand il était bien entendu, que le ministre fut obligé de se rendre.

Sa conversion ne put être si secrète, que le parti contraire n'en eût connaissance. Il comprit aussitôt qu'elle ne pouvait qu'avoir d'étranges suites, si l'on n'avait soin de les arrêter. On employa ses parents et ses amis pour le faire rentrer dans la communion qu'il venait de quitter; on lui fit en vain des promesses et des menaces; enfin on le fit mettre en prison, on lui opposa de faux témoins, on lui supposa des crimes qu'il n'avait point commis, et l'on employa tour à tour tout ce qui pouvait flatter l'espérance ou exciter la crainte. Comme ce ministre était d'une probité reconnue, on ne pouvait s'imaginer qu'on poussât la chose plus loin; mais on vit dans cette occasion, d'un côté, ce que peut un faux zèle, et, de l'autre, ce que peut la grâce dans un cœur à la conversion duquel les intérêts humains n'ont point concouru. L'injustice fut poussée à l'extrémité. Le ministre fut condamné à mort, et l'on exécuta la sentence avec tant de précipitation, que François n'eut pas le temps de recourir à la grâce du prince comme il en avait dessein.

Cette violence fit également horreur aux catholiques et aux calvinistes; elle produisit même un effet tout contraire à celui qu'on en avait attendu, qui était d'empêcher le cours des conversions. L'avocat Poncet, homme de réputation, qui était également considéré dans Genève et dans tout le Chablais, et le baron d'Awly, ne purent souffrir qu'après avoir refusé les voies pacifiques on employât de pareils moyens contre la religion catholique : la religion calviniste leur devint suspecte; ils crurent que ce qu'on s'efforçait de maintenir par des cabales et des moyens purement humains, pourrait bien avoir été établi de la même manière. Au contraire, la conduite tout apostolique de François, exempte du moindre soupçon d'intérêt; sa douceur incompa-

rable, infiniment éloignée de tout ce qui pouvait
avoir la plus faible apparence de violence; sa piété,
sa charité, sa patience, ce zèle infatigable pour le
salut des âmes que rien n'était capable de rebuter,
étaient autant de voix fortes et efficaces dont Dieu
se servait pour les inviter à rentrer dans le sein de
l'Église catholique. Mais les préjugés de la naissance, les commodités d'une religion qui flattait
autant les sens que l'Église catholique s'attachait à
les combattre, la honte qu'ils se figuraient qu'il y
avait à changer de religion, ce qu'on pourrait dire
de ce changement, les ennemis qu'il leur ferait; en
un mot, la perte du crédit et de l'autorité qu'ils
avaient acquis dans un parti puissant et qui dominait
dans leur province, étaient autant de chaînes qui les
retenaient dans l'erreur et les empêchaient de
suivre les mouvements de leur conscience.

L'avocat Poncet passa le premier sur toutes ces
considérations : il vint trouver François, il conféra
longtemps avec lui ; et l'on peut dire qu'il ne se rendit que lorsqu'il ne put plus se défendre. Il voulut cependant que sa conversion fût secrète, et exigea expressément qu'il n'y aurait que deux témoins lorsqu'il
ferait l'abjuration de ses erreurs. Mais François,
qui prévoyait les suites avantageuses de la conversion d'un homme de sa réputation, après avoir eu
pour lui cette condescendance, lui représenta si
fortement qu'il ne fallait point user de ces ménagements dans les choses du salut, que l'avocat se
détermina enfin à faire une profession publique de
la foi catholique.

Son exemple fut suivi de la conversion d'un grand
nombre de personnes de toutes conditions ; mais il

n'y en eut point qui fît plus d'éclat que celle du
baron d'Awly. Il était comme le chef du parti calviniste dans le Chablais, et avait acquis, par ses
grandes qualités, une réputation extraordinaire
dans Genève et dans les provinces voisines. Il avait
épousé une demoiselle catholique d'une naissance
illustre, mais beaucoup plus considérable par sa
vertu. La complaisance, la douceur, la charité et
la piété de cette dame furent les premiers attraits
dont Dieu se servit pour tirer son époux de l'erreur
où sa naissance, bien plus que son choix, l'avait
engagé. Il ne put croire que Dieu, dont les miséricordes sont infinies sur les plus grands pécheurs,
eût abandonné une personne si vertueuse à l'illusion et au mensonge. Dans cette prévention, il tâ-
cha, par des manières adroites et pleines de douceur, de l'attirer à la religion des calvinistes; mais
cette dame, instruite par François de Sales, lui fit
paraître tant de fermeté dans sa foi, qu'il lui promit
de ne plus l'inquiéter. Ce point gagné, elle en obtint un autre, qui fut qu'il irait entendre François,
qui prêchait le carême à Tonon. Ils y allèrent ensemble, et François, qui avait été averti, prêcha avec
tant de force sur les marques de la véritable Église,
que d'Awly en fut ébranlé. Dans ce même temps,
le ministre dont on a parlé fut exécuté à mort, au
grand scandale des deux partis. D'Awly, qui avait
beaucoup de droiture, désapprouva publiquement
cette violence : on le paya de mauvaises raisons, ce
qui acheva de lui faire perdre l'estime qu'il avait
eue jusque alors pour les ministres. Mais il demeurait
dans une incertitude qui ne lui permettait pas de se
déclarer en faveur d'une des deux religions au pré-

judice de l'autre. Les entretiens qu'il eut avec François le tirèrent de ce dangereux état, et le firent
pencher du côté de la religion catholique. La dame
d'Awly secondait les soins de cet homme apostolique par des aumônes, par des prières ferventes, et
par des larmes continuelles qu'elle répandait devant
Dieu, pour en obtenir la conversion de son mari. Le
Père des miséricordes se laissa fléchir, il exauça
les prières pleines de foi de cette vertueuse épouse :
d'Awly reconnut que ce n'était pas elle, mais lui-
même qui était engagé dans l'illusion et dans l'erreur ; enfin le mari infidèle, comme parle l'Apôtre,
fut sanctifié par la femme fidèle.

Cette conversion coûta à François plus de soins
et de peines que toutes les autres ensemble. Comme
la démarche que d'Awly avait à faire était de la dernière conséquence, et qu'elle devait faire un grand
éclat dans le monde, il voulut n'avoir rien à se re-
procher. Il conférait souvent avec François ; il mettait par écrit ses doutes et ses réponses ; il les
examinait ensuite avec toute l'attention d'un homme
qui craint de se tromper dans celle de ses affaires
qui lui importe le plus. Tout cela ne le satisfaisant
point, et ne pouvant conférer avec lui à Tonon
avec la liberté et le secret qu'il souhaitait, il lui
donna rendez-vous dans une forêt qui est à une
lieue de Tonon ; ils s'y rendaient de part et d'autre
plusieurs fois la semaine, et y conféraient en liberté
de tous les points qui sont en contestation entre les
catholiques et les calvinistes. Enfin d'Awly étant
près de se rendre, il lui vint dans l'esprit qu'il
devait encore prendre une autre précaution qui
l'exemptât des reproches qu'on pourrait lui faire

de ne s'être rapporté qu'à lui-même du choix important qu'il avait à faire de la religion dans laquelle il prétendait vivre et mourir. Il proposa à François de rédiger par écrit les principaux points de leurs entretiens, et de les envoyer à Genève et à Berne, pour voir ce que les plus fameux ministres qui étaient dans ces deux villes y répondraient. Le zélé missionnaire lui repartit qu'il n'avait jamais eu dessein ni de tromper, ni de surprendre personne; qu'il approuvait sa proposition, et qu'il l'assurait par avance, ou qu'on ne lui répondrait pas, ou qu'on ne lui répondrait rien qui pût détruire ce qu'il avait avancé; mais qu'il le priait à son tour qu'après qu'il aurait fait cette dernière tentative, il ne différât plus à faire une profession publique de la religion catholique. D'Awly le lui promit. Les conférences qu'ils avaient eues ensemble furent mises par écrit et envoyées aux ministres de Genève et de Berne.

Ce que François avait prévu arriva : d'Awly ne reçut point de réponse; il prit leur silence pour un aveu de l'impuissance où ils étaient de le satisfaire; et, déplorant leur obstination et leur aveuglement, il renonça au schisme, et fut reçu dans l'Église catholique.

Ce fut d'une manière qui dédommagea avantageusement François des peines que cette conversion lui avait coûtées. D'Awly, qui ne faisait rien à demi, voulut qu'on sût dans tout le pays, à Genève même, le jour qu'il devait faire son abjuration : il y invita tout autant de monde qu'il put; et le jour arrivé, il déclara publiquement les motifs de sa conversion, exhorta tout le monde à suivre son exemple et à se rendre digne de la grâce que Dieu venait de lui faire. Il abjura les erreurs de Calvin, et fut reçu à la communion catholique, en présence de tout le peuple de Tonon et d'un grand nombre de calvinistes de Genève, qui y étaient venus exprès, pour être les témoins d'une chose qu'ils n'eussent pu croire, s'ils ne l'eussent vue de leurs yeux.

Une conversion si éclatante combla les catholiques de joie, et les calvinistes d'une confusion d'autant plus grande, qu'elle fut suivie d'un si grand nombre d'autres, que François n'y pouvant plus suffire, on fut obligé de lui envoyer du secours.

Les affaires de d'Awly l'obligeaient d'aller souvent à Genève. Comme il faisait gloire de sa conversion, et qu'il était d'ailleurs trop puissant pour y appréhender quelque insulte, il paraissait aussi publiquement et parlait avec autant de liberté qu'il eût pu faire avant son changement : la considération qu'on avait pour lui empêchait même qu'on ne lui en parlât. Un ministre, nommé La Faye, qui avait eu autrefois beaucoup de part à son estime, entreprit de le faire ; mais d'Awly lui repartit qu'il s'en avisait trop tard ; qu'il aurait dû répondre à l'écrit qu'il avait envoyé aux ministres de Genève et de Berne ; que lui et ses confrères étaient des lâches, qui n'avaient osé défendre leur religion contre le seul François de Sales, qui les avait défiés si souvent et si publiquement. Le ministre, qui se sentit piqué, répondit qu'il était prêt à aller à Tonon disputer contre François, et qu'il se faisait fort de le convaincre, en sa présence, qu'il l'avait trompé par une fausse exposition de la doctrine catholique, qui était en effet bien différente des tours et des explications que celui-ci y donnait.

D'Awly le prit au mot : on convint du jour qu'il se rendrait à Tonon, et d'Awly partit pour avertir François qu'il aurait bientôt affaire à un adversaire digne de lui. François répondit que le ministre serait le bienvenu, et que lui ne manquerait pas à l'assignation ; mais qu'il avait de la peine à croire que les ministres de Tonon ayant refusé de conférer avec lui, ceux de Genève voulussent l'entreprendre. En effet, La Faye manqua de parole ; et quoique le baron d'Awly fût allé trois ou quatre fois à Genève pour le sommer de la tenir, il trouva toujours de nouveaux prétextes pour s'en dispenser.

Ce refus obstiné ne pouvait venir plus à propos pour confirmer d'Awly dans la foi qu'il avait embrassée ; mais comme il n'était pas homme à lâcher aisément prise, il proposa à François d'aller lui-même à Genève offrir à ce ministre de conférer avec lui. Ils partirent pour Genève, accompagnés de quelques amis de d'Awly, qui pussent, en cas de besoin, rendre témoignage de tout ce qui se serait passé dans la visite qu'ils allaient rendre.

Jamais surprise ne fut égale à celle du ministre, lorsqu'il se vit en tête François de Sales, qu'il redoutait en effet bien plus encore qu'il n'en faisait semblant. La conférence dura trois heures ; mais quoi que François pût faire pour obliger le ministre à vider une question avant de passer à une autre, comme celui-ci trouvait son avantage à ne rien approfondir, il proposa tant de questions, qu'on n'en put vider aucune. Enfin, il rompit la conférence par un torrent d'injures atroces adressées à François de Sales.

Le baron d'Awly composa alors un livre des mo-

tifs de sa conversion, qu'il fit imprimer à Lyon,
dans lequel il parle de François de Sales de la manière la plus avantageuse, afin de ne laisser aucun
lieu de croire qu'il le regardât comme un homme
qui l'avait trompé et lui avait mal expliqué la
doctrine de l'Église catholique. Il ne pouvait cependant se dispenser de le faire, s'il eût eu du dessous
à la conférence dont on vient de parler, ou, pour
mieux dire, s'il n'en eût pas eu tout l'honneur.

LIVRE TROISIÈME.

Le bruit des grands succès de François et des avantages qu'il venait de remporter sur les hérétiques, se répandit bientôt dans toute la Savoie; il passa les monts, il fut jusqu'à Rome : le duc de Savoie et le Pape même en furent informés. On ne parlait que de son zèle, de sa fermeté, de sa douceur, de sa capacité, de son habileté pour s'insinuer dans les esprits, et de sa constance dans les travaux apostoliques.

Il continuait ainsi sa mission avec un succès qui ne le lui laissait presque rien à désirer; mais il

n'est point de situation si heureuse qui ne soit
quelquefois troublée par des contre-temps imprévus. Le baron d'Hermance, ce seigneur si sage et
si zélé pour la religion catholique, tomba malade
dans ce temps-là, et mourut quelques jours après,
lorsqu'on avait le plus besoin de ses conseils et
de l'autorité qu'il s'était acquise. Il aimait François
de Sales comme son ami, et l'honorait comme son
père, toujours prêt à seconder ses bons desseins :
il avait un crédit dans la province qui faisait réussir
les choses qu'on croyait les plus difficiles.

Sa perte fut d'autant plus regrettée, que celui
qui lui succéda était très-éloigné de lui ressembler ;
ce fut Jérôme de Lambert : il était homme de mérite, mais il n'avait pas à beaucoup près les grandes
qualités du baron d'Hermance : il était dur, et
faisait les choses avec hauteur ; sous prétexte
de faire valoir l'autorité du prince, il mécontentait
tout le monde, et se faisait autant haïr que son
prédécesseur s'était fait aimer. François, qui s'accommodait de tout, souffrit cependant beaucoup
de ce gouverneur sans s'en plaindre. Ce n'est pas
que ce dernier manquât de considération pour lui,
le duc le lui avait trop recommandé ; mais les manières hautes et sévères de l'un ne s'accommo-
daient point avec l'extrême douceur de l'autre, qui
aimait souvent beaucoup mieux que les choses ne
se fissent point, que de souffrir qu'on les fît d'une
manière qui attirât l'aversion du peuple.

Ce fut par cette raison que, n'osant pas encore
célébrer la messe dans Tonon, il allait tous les jours
la dire dans une chapelle assez éloignée de la ville.
L'hiver était des plus rudes, et un torrent, qu'il

fallait passer, était si extraordinairement enflé par
la fonte des neiges, qu'il avait emporté tous les
ponts. Il ne laissait pas de le passer et repasser
tous les jours sur une planche toute couverte de
glace, en se glissant dessus les mains et les genoux, au grand danger de sa vie. Le péril auquel
il s'exposait effrayait tous ceux qui en étaient les
témoins; mais rien n'était capable d'arrêter le zèle
de cet homme apostolique; et il trouvait d'ailleurs
tant de consolation et tant de force en participant
ainsi au pain des forts, que de plus grands dangers
ne l'en eussent pas empêché. Il se faisait même un
plaisir d'avouer qu'il avait plus avancé la conversion
du Chablais par ses prières ferventes et continuelles
que par les talents qu'il avait plu à Dieu de lui
donner.

Cependant ses succès augmentant tous les jours,
le duc de Savoie, qui avait un intérêt très-considé-
rable à la conversion du Chablais, crut qu'il en
devait conférer avec lui. Il lui écrivit sur cela une
lettre pleine d'estime et de reconnaissance, et y
joignit un ordre exprès de se rendre incessamment
à Turin, pour conférer avec lui des moyens qui
pouvaient avancer un ouvrage tel que celui qu'il
avait commencé, et qui importait également à l'É-
glise et à l'État.

François, qui était persuadé que ce prince avait
jusque alors un peu trop négligé ses intérêts, et
que le concours de l'autorité du souverain, ménagé
avec douceur, ne pouvait faire qu'un excellent
effet, remercia Dieu de ce qu'il lui avait enfin ouvert les yeux et touché le cœur; et il se disposait à
partir, lorsque le Père Esprit de Baumes, prédica-

teur capucin, arriva à Tonon, chargé d'un bref du
Pape adressé à François, et de lui proposer, de la
part de Sa Sainteté, une négociation importante. Ce
bref, qui était daté du premier jour d'octobre, n'é-
tait qu'une lettre de créance par laquelle le pape
Clément VIII, après lui avoir témoigné l'estime qu'il
faisait de sa prudence et de sa capacité, et la confiance qu'il avait en son zèle pour le saint-siége,
le renvoyait au Père Esprit, qui devait lui expliquer
quelle était cette négociation délicate, qu'il avait
jugé à propos de lui confier comme à une personne
très-capable de la faire réussir. François s'adressa
sur cela au Père Esprit, et lui demanda ce que
Sa Sainteté lui avait donné ordre de lui dire : le
Père répondit que le Pape souhaitait qu'il ména-
geât une conférence avec Théodore de Bèze ; qu'il
n'épargnât rien pour l'engager à rentrer dans l'É-
glise catholique.

Tout le monde sait que de Bèze était le plus
distingué des ministres du parti calviniste. Du vivant
de Calvin, il avait partagé son autorité, et elle lui
était revenue tout entière après sa mort. Il avait
fait assez longtemps profession de la religion catholique, dans laquelle il était né; et ce fut peut-
être ce qui fit croire au Pape qu'il ne serait pas si
difficile de l'engager à y retourner.

Ces deux ordres, l'un du Pape qui lui ordonnait
d'aller à Genève, l'autre du duc de Savoie, qui
l'appelait à Turin, embarrassèrent extrêmement
François. Le Père Esprit était d'avis qu'il exécutât
celui du Pape, et un homme moins zélé que François
n'eût pas hésité un moment à se rendre à ses raisons;
mais cet homme apostolique allait toujours au plus

grand bien, et il comptait pour rien tout ce qu'il
lui en pouvait coûter, sa vie même, lorsqu'il s'a-
gissait du salut des âmes. La négociation avec de
Bèze fut remise à un autre temps.

On était alors à la fin de novembre. La grande
quantité de neige qui était tombée, et une bise
furieuse qui soufflait, rendaient le froid insuppor-
table ; on ne reconnaissait plus les chemins que la
neige avait comblés, et les précipices dont ils sont
bordés faisaient horreur aux habitants mêmes de
ces pays sauvages, qui y étaient le plus accoutumés ; il venait tous les jours des nouvelles de gens
morts de froid qu'on avait trouvés dans les chemins.
Ces obstacles étonnaient les plus déterminés, et
il n'y avait personne qui ne fût très-persuadé que
l'intention de Son Altesse royale n'était point que
François se mît en chemin par une saison si rigoureuse. Mais comme cet homme apostolique ne connaissait point les dangers quand il s'agissait de
la gloire de Dieu et du salut des âmes, le petit
nombre d'amis auxquels il avait communiqué son
voyage s'y opposa en vain : il partit lorsqu'on y pensait le moins, accompagné d'un seul domestique,
dont il avait plus de compassion que de lui-
même, mais dont il lui était absolument impossible de se passer.

Il est aisé de s'imaginer ce que François eut à
souffrir pendant ce terrible voyage. Il allait la plupart du temps sans guides, tout ce qu'il leur offrait
ne pouvant les déterminer à marcher par un temps
si fâcheux ; et il était le plus souvent obligé de s'en
rapporter à la connaissance générale que lui et son
domestique avaient du pays. Enfin, après des fati-

gues incroyables, il arriva par une furieuse tempête, au monastère du mont Saint-Bernard, avec son domestique, et leurs chevaux étaient à demi morts de froid. Ce fut une surprise étrange pour les religieux du monastère, de voir arriver un homme de son caractère par un temps si terrible, que les ours mêmes, dont ce pays est rempli, sortaient à peine de leurs retraites. Il avait recommandé à son domestique de ne point dire son nom, pour éviter les soins et les égards que sa naissance et sa réputation lui auraient attirés; mais le domestique, qui ne se croyait pas toujours obligé de lui obéir, et qui ne s'accommodait point des maximes que sa profonde humilité avait coutume de lui inspirer, commença par dire quel était son maître et les motifs qui l'obligeaient à marcher par un temps aussi rigoureux.

Il n'en fallut pas davantage pour engager les religieux à le recevoir avec toute la considération qu'il méritait, et à lui faire tout le bon traitement dont ils se purent aviser. Ils le regardaient comme un saint des premiers siècles de l'Église, et ils s'estimaient heureux de posséder un hôte de son mérite. Il fut cependant impossible à ces religieux de le retenir aussi longtemps qu'ils l'eussent souhaité. Dès que la tempête fut un peu passée, il se remit en route, et arriva à Turin, après avoir souffert tout ce que les chemins les plus rudes et la saison la plus fâcheuse peuvent apporter d'incommodités aux voyageurs.

Le duc de Savoie le reçut avec toute la considération qu'un souverain peut marquer à un sujet; il lui donna devant sa cour toutes les louanges

qu'il méritait, et le présenta au nonce du Pape
comme un homme extraordinaire, et qui avait rendu à l'Église les services les plus importants; il
lui fit même en quelque sorte des excuses de ce
qu'il l'avait obligé de voyager par une saison aussi
dure, et lui dit en particulier et en secret que,
prévoyant qu'il pourrait aller bientôt en personne
dans le Chablais, il n'avait pas cru le devoir faire
sans avoir conféré avec lui, et pris toutes les
mesures nécessaires pour l'entière conversion du
pays, qu'il était résolu d'appuyer de toute son
autorité.

L'audience publique fut suivie de plusieurs au-
diences particulières où le duc de Savoie, qui était
un prince fort éclairé, l'entretint longtemps seul
à seul de l'état des provinces de delà les monts.
François lui en rendit compte d'une manière qui
fit bien connaître qu'il n'était guère moins habile
dans la politique que dans la science des saints.
Aussi le duc de Savoie, prenant une nouvelle
confiance en lui, ne se contenta pas des avis généraux qu'il lui donna, il voulut qu'il lui dît en
particulier tout ce qui pouvait contribuer à l'a-
vancement et à la perfection du grand ouvrage
qu'il avait entrepris. François le fit, et le duc en
fut si content, qu'il lui ordonna de le mettre par
écrit et de le présenter au conseil d'État, qu'il
assemblerait dès le lendemain pour être examiné en
sa présence.

François s'étant rendu au conseil, où l'archevêque
de Bary, nonce du Pape, avait été invité, y redit
à peu près les mêmes choses qu'il avait dites en
particulier au duc, et y présenta le mémoire qu'il
lui avait ordonné de dresser.

Ayant achevé de lire son mémoire, le nonce du Pape ne se contenta pas de l'approuver ; il promit encore, au nom de Sa Sainteté, tout ce qui dépendrait de son autorité pour en procurer une prompte exécution. Plusieurs des conseillers d'État approuvaient en général le mémoire de François ; mais ils étaient d'avis qu'on ne précipitât rien, et qu'on remît l'exécution, au moins d'une partie des articles, à un moment plus éloigné.

François, qui avait prévu que son mémoire ne passerait pas sans opposition, demanda au duc la permission de justifier ce qu'il avait avancé ; et l'ayant obtenue, il répondit à tout avec sa douceur ordinaire.

Quand il eut achevé de parler, le duc se leva, lui accorda sur-le-champ tout ce qu'il lui avait demandé, à la réserve de deux articles, dont il lui promit que l'exécution ne serait pas retardée pour longtemps. Il lui permit en particulier de se mettre en possession de l'église Saint-Hippolyte, d'y célébrer la messe et le service divin ; il lui promit des lettres pour les officiers de la ville, qui leur feraient connaître sa volonté, et pour le gouverneur du Chablais, afin qu'il tînt la main à l'exécution de ses ordres ; et il lui recommanda, quand il serait de retour sur les lieux, de lui rendre souvent compte de toutes choses.

François eut aussi plusieurs entretiens particuliers avec le nonce du Pape : il lui parla des ordres qu'il avait reçus de Sa Sainteté touchant Théodore de Bèze, et des raisons qu'il avait eues d'en remettre l'exécution à son retour. Le nonce approuva sa conduite, lui promit de la faire agréer à Sa

Sainteté, l'assura de l'estime et de la confiance qu'elle avait en lui, et s'engagea à solliciter auprès du Pape et du duc de Savoie pour l'exécution des choses qu'on lui avait promises.

Cependant François, ayant disposé toutes choses pour son retour, prit sa dernière audience du duc. Ce prince lui remit en main les lettres qu'il lui avait promises, et en ajouta d'autres pour prendre sur son domaine tout ce qui serait nécessaire pour l'entretien des missionnaires et pour le sien. Il s'attendait qu'il lui demanderait quelque grâce pour lui-même, ou, à tout le moins, d'être remboursé de ce qu'il avait avancé; mais voyant qu'il n'en faisait rien, il lui en fit lui-même l'ouverture avec des témoignages de bienveillance dont bien d'autres n'auraient pas manqué de profiter. François en prit occasion non pas de ménager ses propres intérêts, mais ceux du chapitre de Genève, à la tête duquel il se trouvait; il représenta donc au duc les besoins extrêmes de cette compagnie depuis que ses biens avaient été usurpés par les Genevois, et l'impuissance où elle se trouvait de faire l'office divin avec la décence requise dans la première église d'un diocèse. Le duc, touché de son désintéressement, lui accorda sur l'heure ce qu'il demandait, et lui en fit expédier les lettres patentes : il l'assura de nouveau qu'il irait dans peu seconder en personne ses bons desseins, et le congédia avec mille témoignages d'estime et de bienveillance.

Cependant l'hiver continuait et ne se relâchait point de sa rigueur, et les Alpes, chargées de nouvelles neiges qui étaient tombées depuis son arrivée à Turin, semblaient s'opposer à son retour.

Le duc de Savoie, le nonce du Pape, et tous les amis qu'il s'était faits à la cour, étaient d'avis qu'il attendît une saison moins rigoureuse ; mais François, qui n'était pas accoutumé à se ménager lorsqu'il s'agissait des intérêts de Dieu, et qui était d'ailleurs persuadé que sa présence était nécessaire à Tonon, ne put être retenu par aucune considération. Toute la précaution qu'il prit, fut de passer par le petit Saint-Bernard, où il trouva en effet un chemin un peu moins rude. Étant arrivé à Tonon, il alla voir tous les catholiques, et reconnut avec beaucoup de joie qu'ils n'avaient rien perdu de leur zèle pendant son absence. Il recommanda à leurs prières le rétablissement public de la religion catholique dans Tonon et dans tout le Chablais ; il leur fit voir l'ordre qu'il en avait du duc, et passa lui-même plusieurs jours en prières et en jeûnes, pour demander à Dieu que ce rétablissement se fît sans trouble, et qu'il lui plût de détourner les extrémités auxquelles le duc de Savoie serait obligé de se porter, si l'on s'opposait à l'exécution de ses volontés.

Noël approchait, et comme François et tous les catholiques souhaitaient avec passion que l'église de Saint-Hippolyte, dont il lui était permis de se mettre en possession, fût rétablie pour y pouvoir célébrer la messe le jour de cette grande fête, il se hâta de rendre au gouverneur du Chablais et aux syndics de Tonon les lettres que le duc leur écrivait à cet effet. Le gouverneur l'assura de toute la protection dont il pourrait avoir besoin, et le pria de l'avertir exactement de tout ce qui se passerait à Tonon.

Mais les syndics n'eurent pas plutôt reçu les lettres du duc, par lesquelles il leur était ordonné de
rendre aux catholiques l'église de Saint-Hippolyte,
et de n'apporter aucun trouble au service divin qui
s'y devait célébrer par son ordre, qu'ils excitèrent
eux-mêmes la sédition. Un moment après, les portes
de la ville furent fermées, pour empêcher le gouverneur et les catholiques de venir au secours de
ceux de la ville · en même temps les calvinistes
coururent aux armes; une partie investit l'église de
Saint-Hippolyte, et l'autre, courant par les rues,
menaçait de faire main basse sur tous les catholiques, et de brûler tout vif François de Sales au
milieu de la ville. Les catholiques, alarmés de leur
propre péril, et plus encore de celui de leur pasteur, prirent les armes de leur côté, et ne reconnaissant point d'autre chef que lui, et en sa personne
le duc leur souverain, dont il exécutait les ordres,
menaçaient à leur tour de vendre chèrement leur
vie, et que la tête des syndics mêmes leur répondrait de celle de François : ils étaient en assez
grand nombre, et assez bien armés pour n'être pas
méprisés; l'autorité du prince qui était de leur côté
augmentait leur courage, et le désespoir où la violence des calvinistes les réduisait, ne leur laissant
plus rien à ménager, donnait lieu de tout craindre
de leur ressentiment. Il parut même que quelque
homme entendu dirigeait sous main les mouvements; car ils s'emparèrent avec beaucoup d'ordre
des postes les plus avantageux, où un petit nombre
pouvait faire tête à un plus grand. La sûreté de
François fut un de leurs premiers soins : ils envi-
ronnèrent sa maison, et quoiqu'il leur pût dire qu'il

ne prétendait point opposer la force à la force, et
qu'il ne pouvait pas lui arriver un plus grand bonheur que de mourir pour une cause aussi juste que
celle qu'il défendait, il ne fut pas en son pouvoir de
les faire retirer.

Cependant la nuit vint, et les calvinistes qui avaient
investi l'église de Saint-Hippolyte s'étant retirés
pour prendre quelque repos, les catholiques s'en
emparèrent à leur tour, et François mit tout de suite
à la réparer des ouvriers qu'il tenait tout prêts. Les
calvinistes ne l'eurent pas plutôt su, qu'ils reprirent
les armes, et les deux partis, après s'être longtemps
menacés, étaient prêts à se charger, lorsque François, dont l'extrême douceur ne pouvait souffrir la
moindre violence, se jeta entre les deux partis, au
grand péril de sa vie. Sa présence arrêta les catholiques et suspendit la fureur de leurs ennemis. Il
demanda les syndics, et leur parlant d'une voix
haute et qui pouvait être entendue de tout le monde,
il leur représenta avec beaucoup de force que, s'il
entreprenait de son autorité particulière de rendre
aux catholiques l'église Saint-Hippolyte, ils auraient
quelques droits de s'y opposer; mais que ce devrait
être en justice réglée, et non pas les armes à la
main, qu'il n'était permis de prendre que par la
permission du prince, pour son service, et non pas
contre ses intentions; il les conjura, par l'amour
qu'ils devaient à leur commune patrie, par le soin
qu'ils devaient avoir de leur propre conservation,
d'ouvrir les yeux au danger auquel ils s'exposaient
en continuant de désobéir à leur prince; il s'offrit
d'être leur médiateur auprès de lui s'ils voulaient
rentrer dans le devoir; mais il ajouta qu'ils avaient

tout à craindre de sa justice s'ils continuaient à s'opposer à l'exécution de ses volontés.

Ce discours fut reçu avec de grands applaudissements du côté des catholiques, mais de celui des calvinistes on n'y répondit que par des injures : on entendait partout des voix confuses qui l'appelaient papiste, idolâtre, sorcier, perturbateur du repos public, ennemi déclaré de la patrie, et l'on était près de se porter aux dernières violences, lorsque les moins emportés du conseil jugèrent à propos de proposer un accommodement. Cette ouverture suspendit la fureur du peuple; ils entrèrent ensemble dans la maison de François, qui était assez proche de là ; ils lui firent cent propositions différentes ; mais comme elles allaient toutes à suspendre l'exécution des ordres du prince jusqu'à ce qu'ils lui eussent fait leurs remontrances et qu'ils eussent reçu sa réponse, François les rejeta avec une fermeté qui les étonna. Il prétendit à son tour qu'on devait exécuter par provision les volontés du souverain, et ajouta que, s'ils recevaient une réponse favorable, on n'aurait pas besoin de prendre les armes pour l'obliger à obéir. Les conseillers, au désespoir de ne pouvoir rien obtenir, le menacèrent de le faire assassiner par quelque calviniste qui ferait semblant de se convertir; mais François leur répondit avec une assurance qui acheva de les confondre; enfin ils se retirèrent, après avoir fait leurs protestations de tout ce qui pourrait arriver s'il s'obstinait à passer outre.

Cependant, ayant fait réflexion aux suites fâcheuses que pourrait avoir cette affaire, ils dirent au peuple qu'on était convenu d'écrire de part et d'autre ; qu'ils ne doutaient pas que le prince mieux informé ne leur rendît justice, et que cependant, pour lui témoigner le respect qu'on avait pour ses ordres, on avait résolu de les exécuter, sans préjudice de leur opposition. Ainsi François se mit en possession de l'église de Saint-Hippolyte ; il la fit réparer et orner avec une diligence incroyable, et tout fut prêt pour la fête de Noël.

La nuit de cette grande fête, les catholiques y étant accourus, non-seulement de la ville, mais encore des bourgs voisins, il célébra en leur présence les saints mystères, qui en avaient été bannis depuis près d'un siècle ; huit cents personnes y communièrent de sa main ; il y prêcha avec son zèle ordinaire, et toute la nuit se passa à louer Dieu, qui, après les avoir abandonnés si longtemps aux désirs de leurs cœurs, les avait enfin rappelés à son admirable lumière. Les fêtes suivantes, il continua les mêmes exercices de piété ; et le Ciel répandit une bénédiction si abondante sur ses travaux, que les habitants de trois bourgs voisins vinrent encore abjurer l'hérésie.

Il n'est pas aisé de concevoir comment un seul homme pouvait suffire à tant de soins. A mesure que le nombre des catholiques augmentait, il multipliait aussi ses conférences et ses instructions : il recevait toutes sortes de personnes, tant en public qu'en particulier, sans aucune crainte des menaces des hérétiques, qui étaient eux-mêmes étonnés de son courage et de sa fermeté. Il assistait aux funérailles, secourait les malades, allait lui-même dans les hameaux et dans les chaumières visiter les personnes abandonnées, rien n'échappait à ses soins ;

sa charité s'étendait partout : il était aussi assidu
auprès des gens de la plus basse condition, qu'auprès des personnes les plus considérables par leur
naissance ou par leurs emplois : il se faisait tout à
tous; et comme il ne regardait que Dieu en toutes
choses, et qu'il savait que toutes les âmes lui sont
également chères, il avait autant de soin du pauvre
que du riche, et mesurait sa charité aux besoins et
non pas à la qualité des personnes.

Après avoir passé le jour dans des fonctions aussi
pénibles, la nuit n'était pas pour lui un temps de
repos; il en employait une partie à porter les sacrements aux malades. Il craignait que les hérétiques pendant le jour ne leur manquassent de respect, et qu'il ne se vît obligé d'adresser contre
eux des rapports au duc, qui avait ordonné très-
expressément qu'on ne troublât point les catholiques dans l'exercice de leur religion; il appréhendait donc de se commettre, et que la haine qu'il
pourrait s'attirer par les plaintes qu'il serait obligé
de faire, ne rejaillît sur l'Église catholique et n'em-
pêchât le progrès de la foi : ainsi il était toujours
rempli d'égards charitables pour des gens qui, bien
loin de le ménager, ne se ménageaient pas eux-
mêmes. Après avoir pris un peu de repos, le plus
souvent tout habillé, il passait le reste de la nuit
en prières, ou à préparer les instructions qu'il avait
à faire pendant le jour. La bonté de son tempérament l'empêcha de se ressentir pour lors d'un
travail sous lequel tout autre aurait succombé; mais
il est certain qu'il abrégea sa vie de plusieurs années : tout se retrouve, et la vieillesse, où il ne par-
vint pas, ne manque jamais de se ressentir des

fatigues de la jeunesse. Ses amis l'exhortaient souvent à se ménager, mais il leur répondait : « Il n'est pas nécessaire que je vive ; mais il est nécessaire que l'Église soit servie. »

Les occupations que l'on vient de rapporter ne l'empêchèrent pas pourtant d'écrire au duc de Savoie ce qui s'était passé à Tonon (1597). Il en écrivit en même temps au nonce, le priant de lui procurer une réponse favorable. Les syndics écrivirent aussi de leur côté ; mais le duc n'avait pas besoin d'être sollicité pour appuyer François dans une occasion où l'on avait fait un mépris si manifeste de son autorité. La première marque de son indignation contre la ville de Tonon fut de ne point faire de réponse aux syndics. Celle qu'il fit à François ne pouvait être plus favorable : il y louait son zèle et sa prudence ; il approuvait tout ce qu'il avait fait et tout ce qu'il jugerait à propos de faire dans la suite pour le rétablissement de la religion catholique, et lui ordonnait de faire voir sa lettre aux syndics et au conseil. François la leur envoya, et ils en furent aussi mortifiés que s'ils n'avaient pas eu lieu de s'attendre que leur conduite serait désapprouvée.

Leur surprise fut bien plus grande quand ils virent arriver à Tonon, sans en avoir été avertis, le régiment du comte de Martinengue, lieutenant général des armées du duc, qui fut logé dans la ville, en attendant les ordres qu'il devait recevoir de la cour. François prêchait alors le carême en différents endroits du Chablais, où il s'occupait à faire chaque jour quelques nouvelles conquêtes pour l'Église catholique.

Il ne fut pas plutôt de retour à Tonon, que les officiers du régiment de Martinengue le vinrent visiter en corps; ils lui dirent qu'ils avaient ordre de ne rien faire sans sa participation, et d'agir même dans les occasions comme il le jugerait utile. Mais François, qui ne se prévalait jamais qu'à l'extrémité de ses avantages temporels lorsqu'il s'agissait des fonctions de son ministère, ne se prévalut de leur déférence que pour les obliger à vivre dans l'ordre et à être le moins à charge qu'il se pourrait aux habitants de Tonon : comme il vit même qu'ils étaient fort assidus à ses sermons, il changea de méthode, et, au lieu de matières de controverse qui en faisaient le sujet ordinaire, il crut qu'il devait prêcher une morale qui pût être également utile aux anciens et aux nouveaux catholiques. Il s'attacha aux vérités capitales de la religion chrétienne, c'est-à-dire à celles qui sont communes à tous les états du christianisme, et il les exposa avec tant de force et d'une manière en même temps si populaire, que tout le monde y courait en foule.

Dieu bénit l'intention particulière qu'il avait eue de travailler à la conversion des officiers et des soldats : on vit dans peu de temps un changement semblable à celui qu'on a raconté de la garnison des Allinges. Il n'y eut presque point d'officiers ni de soldats qui ne fissent une confession générale et ne reçussent la communion de ses mains. Ainsi, tout étant paisible dans le Chablais, et la religion catholique y faisant tous les jours de nouveaux progrès, François se mit en devoir d'exécuter la commission qu'il avait reçue de Sa Sainteté touchant Théodore de Bèze.

Mais ce projet n'était pas aisé à exécuter. De Bèze, qui était alors âgé de soixante-dix ans, ne sortait plus de Genève; il était, pour ainsi dire, gardé à vue; et, soit que les Genevois se défiassent de lui, ou que ce fût par l'estime qu'ils en faisaient et par le plaisir qu'ils prenaient à sa conversation, sa maison était toujours remplie de monde, et il était d'autant plus difficile de le trouver seul, que François ne jugeait pas à propos de l'avertir de la visite qu'il avait dessein de lui rendre.

Heureusement de Bèze était seul quand François arriva chez lui. C'était une occasion précieuse dont il fallait profiter : aussi, après les premiers compliments, François, prenant la parole, dit à de Bèze que, n'ayant pas l'honneur d'être connu de lui, il le priait de ne le point juger par les peintures affreuses qu'on lui en avait pu faire; qu'il aimait plus que personne du monde la bonne foi; qu'il ne venait point pour le surprendre, ni dans le dessein de publier ce qui se passerait entre eux; que pour peu qu'il lui plût d'examiner son air et ses manières, il pensait qu'il les trouverait pleines de candeur et de sincérité; que Dieu avait comme gravé sur le visage le caractère du cœur et de l'esprit, et que, quand il aurait à tromper quelqu'un, ce qu'il était incapable de faire, il ne s'adresserait pas à un homme de son mérite et de sa réputation.

François avait en effet une physionomie si heureuse et un si grand air de droiture et de probité, qu'il ne courait point de risque en se rapportant au jugement qu'on pouvait faire de lui en le regardant; mais d'un côté les contes qu'on avait faits sur sa

personne à Genève, ne lui permettaient pas de pré-
tendre à la confiance de de Bèze, qui lui était si
nécessaire pour réussir dans son dessein, sans
détruire les fâcheuses impressions qu'on avait pu
lui donner de lui : de Bèze, d'un autre côté, se
piquait de beaucoup de franchise. Ce début de
François ne lui déplut point. Il lui répondit avec
beaucoup d'honnêteté qu'il l'avait toujours connu
pour un homme très-estimable et d'un mérite distingué, mais qu'il ne pouvait s'empêcher de re-
gretter qu'il employât tant de talents pour la défense
d'une aussi mauvaise cause que celle de l'Église
romaine.

François, qui n'avait point de temps à perdre,
prit occasion de ces dernières paroles pour entrer
tout d'un coup en matière, et il le fit en le conjurant
de lui dire s'il était véritablement convaincu qu'on
ne pût faire son salut dans l'Église catholique. Cette
demande était une suite naturelle de ce que de Bèze
venait de dire ; cependant il en fut si embarrassé,
qu'après avoir été quelque temps sans répondre, il
pria François de lui permettre d'entrer un moment
dans son cabinet pour penser plus sérieusement à
ce qu'il avait à lui répondre. Il y fut environ un
quart d'heure, s'y promenant à grands pas, avec
un trouble sur le visage qui marquait l'agitation de
son cœur et le trouble de sa conscience. François
employa ce temps à demander à Dieu, avec une
ferveur extraordinaire, qu'il lui plût d'user de miséricorde envers cet homme, auquel il avait déjà fait tant
de grâces, et qui, par son grand âge, était si près
de tomber entre les mains de sa justice. Mais il est
des crimes dont on ne revient presque jamais : les

auteurs des hérésies et des schismes ne l'ont que trop éprouvé, et l'on n'en voit guère qui retournent sincèrement à l'Église après qu'ils l'ont une fois abandonnée. De Bèze en est un exemple qu'on peut ajouter à tant d'autres. Il revint enfin, encore tout troublé des remords de sa conscience, et s'adressant à François : « Vous m'avez demandé, lui dit-il, si l'on pouvait faire son salut dans l'Église catholique : nous sommes seuls; je puis vous dire mes véritables sentiments : oui, je crois qu'on s'y peut sauver. »

François, profitant d'une réponse qui lui donnait tant d'avantage sur de Bèze, lui dit qu'il croyait donc que l'Église catholique était la véritable Église, parce que, si elle ne l'était pas, il n'était non plus possible d'y faire son salut qu'il l'avait été du temps du déluge de s'en sauver sans être dans l'arche. De Bèze ne répondant rien, François continua de le presser, en lui demandant, puisqu'on peut faire son salut dans l'Église catholique, pourquoi donc il l'avait quittée, pourquoi il avait renoncé à sa communion, sollicité et entraîné tant de peuples à suivre son exemple, etc. La conférence fut longue, et quand elle finit, de Bèze, plein d'estime pour François, le pria de venir le revoir, l'assurant qu'il le pourrait toujours faire en toute sûreté.

François, étant de retour à Tonon, écrivit au Pape pour lui rendre compte de l'état de la religion catholique dans le Chablais, et de la conférence qu'il avait eue par son ordre avec Théodore de Bèze. Il assura Sa Sainteté, dans cette lettre, que de Bèze n'était point éloigné des sentiments catholiques; que l'aveu qu'il lui avait fait qu'on pouvait faire son salut dans l'Église romaine ne laissait aucun lieu d'en douter; mais que la réputation qu'il avait acquise parmi les calvinistes, et surtout l'établissement considérable qu'il avait, le retenaient plus fortement dans l'hérésie que toutes les raisons dont il se servait pour la défendre.

Le Pape répondit à cette lettre par un bref, daté du 29 mai 1597, et de la sixième année de son pontificat. Il y félicite François sur les progrès de la religion catholique dans le Chablais, dont il reconnaît qu'on est redevable à son zèle; il l'exhorte à continuer ses travaux apostoliques et ses soins pour la conversion de de Bèze, et lui donne tout pouvoir de traiter avec lui.

Pour satisfaire aux ordres de Sa Sainteté, François retourna deux fois à Genève, où il eut deux conférences avec de Bèze : la première sans témoins, la seconde en présence du président Faure, qui voulut l'y accompagner. On y parla de la nécessité des bonnes œuvres pour le salut, de la coopération du libre arbitre à la grâce, et de plusieurs autres points des plus importants. A la vérité, de Bèze ne se rendit pas; mais il fut si fort ébranlé, qu'en prenant congé de François, dont la douceur l'avait charmé, il lui serra la main, et levant les yeux au ciel avec un grand soupir : « Si je ne suis pas, dit-il, dans le bon chemin, je prie Dieu tous les jours que, par son infinie miséricorde, il lui plaise de m'y mettre. »

Ces dernières paroles de de Bèze firent résoudre François de Sales à retourner une quatrième fois à Genève, pour conférer avec lui sans témoins.

Pendant que François lui parlait longuement, de Bèze, cet homme d'autant plus à plaindre que, connaissant la vérité, il ne pouvait se résoudre à la suivre, les yeux baissés vers la terre, gardait un morne silence, et se sentait déchirer le cœur par tous les reproches qu'une conscience alarmée est capable de faire dans une pareille occasion ; mais, d'un autre côté, le respect humain, l'habitude, la honte de se dédire, l'empêchaient de se déterminer, et le retenaient dans un parti dont il reconnaissait le faible mieux que personne.

François attendait où aboutirait cette irrésolution, et jugeant du cœur de de Bèze par le sien, il espérait qu'il se rendrait enfin à ses propres lumières : mais que peut la raison humaine contre une volonté séduite, abandonnée à ses passions, accablée du poids d'une habitude invétérée, captive sous la loi du péché ! Pour vaincre de pareils obstacles, il faut des grâces du premier ordre, telles que celles qui ont converti un saint Paul et un saint Augustin ; mais il est rare que Dieu les accorde aux auteurs des hérésies et des schismes. De Bèze l'éprouva comme beaucoup d'autres : ainsi, au lieu de la réponse favorable que François attendait, il lui dit qu'il était persuadé à la vérité qu'on pouvait faire son salut dans l'Église catholique, mais qu'il ne désespérait pas aussi de le faire dans la communion calviniste. François ne jugea pas à propos de le presser davantage ; il crut qu'il fallait lui donner le temps de faire réflexion aux propositions qu'il lui avait faites, et il comptait achever dans une autre séance ce qu'il croyait avoir si heureusement commencé. Mais il n'y alla plus à temps ; ses fréquentes

5

visites avaient donné de furieux ombrages aux habitants de Genève : il apprit que, s'il y retournait,
on avait résolu de se défaire de lui, et qu'on
observait de Bèze d'une manière à ne lui en plus
permettre l'accès.

Quelques années après, ce ministre tomba malade ; et comme il se sentit proche de la mort, il
souhaita de parler à François. Cette satisfaction lui
ayant été refusée, on assure qu'il se repentit d'avoir
quitté l'Église catholique, et qu'il rétracta ses
erreurs ; mais, étant mort au milieu des calvinistes,
il est difficile de pouvoir dire quelque chose de
certain sur un fait de cette importance.

François fut touché d'autant plus vivement de la
mort de de Bèze, qu'il n'avait jamais désespéré de
son retour à l'Église catholique. Mais Dieu le récom-
pensa bientôt de cette perte par la bénédiction
qu'il lui plut de donner à ses travaux apostoliques :
trois ministres et le premier syndic de Tonon furent
reçus à la communion catholique, et leur exemple
fut suivi comme à l'envi par les habitants de Tonon ;
de sorte que le nombre des catholiques étant enfin
devenu plus grand que celui des calvinistes, le
premier syndic prétendit que la ville devait passer
pour catholique : sur cette prétention, il écrivit au
Pape au nom de la ville, pour le prier d'en regarder les habitants comme ses enfants, et pour lui
rendre en cette qualité ce qu'on doit au père
commun.

Les succès n'étaient pas moindres dans le reste
du Chablais et dans les bailliages : les paroisses en
corps venaient abjurer l'hérésie, et l'on voyait tant
de disposition à une conversion générale, que l'é-

vêque de Genève crut y devoir contribuer lui-même
de sa présence et de ses soins. Il se rendit à Tonon,
accompagné d'un bon nombre de savants jésuites,
de capucins et d'ecclésiastiques destinés pour le
gouvernement des paroisses qu'on ne pouvait plus
différer de rétablir.

Ce secours vint tout à propos, car François, qui
n'avait pu se dispenser d'accompagner l'évêque de
Genève à son retour à Annecy, y tomba malade des
fatigues continuelles qu'il s'était données pour la
conversion du Chablais. Sa maladie fut violente,
mais elle ne fut pas longue, et l'on s'attendait de
le revoir dans le Chablais, lorsqu'on reçut la nouvelle que la peste commençait à ravager la Savoie,
et qu'Annecy même n'en était pas exempt. Il n'en
fallut pas davantage pour lui faire prendre la résolution de se dévouer au service des pestiférés.

L'évêque de Genève, qui savait combien la présence de François était nécessaire dans le Chablais,
ne put apprendre sa résolution sans étonnement et
même sans chagrin, et il ne fallut pas moins que
son autorité pour l'empêcher de l'exécuter.

François était trop persuadé du mérite de l'obéissance, pour ne pas déférer à l'autorité de son
évêque dans une occasion où il ne pouvait espérer
de réussir sans une particulière vocation de Dieu.
Il lui représenta avec sa modestie ordinaire les
raisons qui le portaient à se dévouer au service des
pestiférés; mais ce prélat ne lui eut pas plutôt
témoigné qu'il n'approuvait pas ce dessein, qu'il se
disposa à aller dans le Chablais reprendre les travaux que sa maladie l'avait obligé d'interrompre.

On reçut dans ce même temps une nouvelle qui

obligea l'évêque de Genève de retourner dans le Chablais. Elle portait que le duc de Savoie avait passé les monts, et qu'il devait se rendre à Tonon pour y attendre le cardinal de Médicis, qui revenait de France, où il avait été envoyé en qualité de légat.

Quand le duc de Savoie arriva à Tonon, ce fut un coup de foudre pour les hérétiques. Ils s'étaient flattés jusque-là de l'espérance que quelque accident romprait son voyage; mais le voyant sur les lieux, ils ne doutèrent plus de ce qui arriva dans la suite. La hauteur et la froideur avec laquelle il répondit à leurs compliments, et l'accueil qu'il fit aux catholiques, de quelque condition qu'ils fussent, acheva de les en convaincre.

Les premiers soins du duc furent de faire meubler superbement la maison de ville où le légat devait loger; de faire dresser des arcs de triomphe par où il devait passer; d'orner les portes et les places publiques, et de disposer toutes choses pour une réception des plus magnifiques; mais ce qu'il y eut de plus édifiant, c'est qu'il eut le même soin des deux églises de Saint-Hippolyte et de Saint-Augustin. Les plus excellents peintres d'Italie, qui l'avaient suivi, furent employés à les peindre, et tout ce qu'il avait de plus précieux à les orner.

Mais il n'oublia pas aussi que son exemple aurait plus de force pour la conversion de ses sujets que tout ce qu'il pourrait faire ailleurs. Il n'y eut rien de plus édifiant que sa conduite dans cette occasion. Dieu accorda à la piété de ce prince ce qu'il souhaitait avec tant de passion. Il fut témoin de l'empressement avec lequel les habitants de plusieurs bourgs du Faucigny venaient en foule abjurer l'hérésie.

Le lendemain, dernier jour de septembre (1598), le légat étant arrivé à une lieue de Tonon, l'évêque de Genève, accompagné de plusieurs évêques de Savoie et du Dauphiné, qui s'y étaient rendus pour saluer le légat, et précédé du clergé, alla au-devant de lui ; le duc de Savoie partit aussi quelques instants après, et rencontra le légat à une demi-lieue de Tonon ; il l'accompagna jusqu'à l'église de Saint-Hippolyte, où il descendit, et où il fut assez longtemps en prière. Le duc voulait le conduire à son logis par les rues et les places où il y avait des concerts et des arcs de triomphe ; mais le légat, qui avait une grande piété, le pria de trouver bon qu'il n'y passât qu'à la suite du saint Sacrement ; il ajouta qu'on ne pouvait se dispenser de lui faire une espèce de réparation publique et de le ramener comme en triomphe dans une ville d'où il avait été banni pendant plus de soixante-dix ans d'une manière si honteuse. Il fallut donc se rendre à l'hôtel de ville par des rues détournées.

Le légat y reçut des compliments de tous les corps. Le duc, qui ne le quittait point, ayant aperçu François, qui, bien loin de se produire, était confondu dans la foule, l'en alla tirer lui-même, et le présentant au légat : « Voilà, lui dit-il, l'apôtre de mes États ; c'est à lui, après Dieu, que nous devons tous les grands succès dont j'ai entretenu Votre Éminence. » Le légat s'avança quelques pas pour le recevoir, et François ayant mis un genou en terre pour lui baiser le bas de sa robe, il ne le voulut pas souffrir ; il le releva et l'embrassa ; puis se tournant du côté du duc de Savoie, il lui dit qu'avant qu'il lui en parlât, il avait été informé de son mérite; qu'il lui était en son particulier très-obligé des peines infinies qu'il s'était données pour faire rentrer ces peuples dans l'Église catholique; qu'il en parlerait au Pape avec les éloges qui lui étaient dus.

Après le départ du légat, les ambassadeurs de Fribourg, qui étaient arrivés les premiers, furent conduits à l'audience du duc. Ils le complimentèrent de la part de leur canton sur le rétablissement de la religion catholique dans le Chablais, et l'exhortèrent à achever un si saint ouvrage, si digne d'un grand prince comme lui.

Les ambassadeurs du canton de Berne et les députés de Genève, qui venaient d'arriver, eurent ensuite audience; ils parlèrent avec beaucoup de force en faveur de la liberté de conscience, et prièrent le duc de leur faire une réponse précise, parce qu'ils avaient ordre de leurs supérieurs de leur faire connaître ses intentions. Le duc répondit qu'il ne partirait point de Tonon sans avoir réglé les affaires de la religion; qu'il allait assembler son conseil pour en délibérer, et qu'il leur ferait savoir ce qu'il aurait résolu.

L'audience finie, le duc entra au conseil, et voulut que François l'y accompagnât. Il expliqua en peu de mots l'affaire dont il s'agissait; il en représenta l'importance, et témoigna qu'on lui ferait plaisir d'opiner en toute liberté; qu'il n'avait point encore pris de résolution; et qu'il se règlerait uniquement sur ce qu'on lui ferait connaître devoir être le plus utile à la gloire de Dieu et le plus avantageux au bien de l'État.

Les opinions furent d'abord partagées ; mais enfin le plus grand nombre fut d'avis qu'on permît la liberté de conscience, et qu'on laissât les choses, à l'égard de la religion, à peu près dans l'état où elles étaient alors.

Ce sentiment était directement opposé à celui de François ; c'est pourquoi le duc ne lui eut pas plutôt fait signe de parler, qu'il représenta que le plus ferme appui des États était l'uniformité dans la créance ; qu'une secte comme celle des calvinistes, qui rendait les particuliers juges en dernier ressort de ce qu'ils doivent à Dieu, n'était guère propre à leur inspirer le respect et la fidélité inviolable qu'ils devaient à leur souverain ; qu'il n'en était point des calvinistes comme des autres sectes qui s'étaient élevées de temps en temps dans l'Église ; que les autres, en attaquant, pour la plupart, seulement quelques points spéculatifs de la foi, en avaient laissé les fondements inébranlables ; qu'ils n'avaient touché ni à la morale ni au culte ; qu'à la réserve de quelques sentiments particuliers, ils étaient demeurés pour tout le reste dans une uniformité assez exacte ; que les calvinistes, plus entreprenants et plus téméraires, n'avaient presque rien laissé d'entier ; qu'ils s'en étaient pris également à la foi, au culte, à la morale, à la discipline, à l'autorité de l'Église, et qu'ils n'avaient guère plus respecté celle des souverains.

Le duc, qui avait écouté François avec beaucoup d'attention, fut si touché de son discours, qu'il accorda sur-le-champ ce qu'il demandait.

Le jour d'après, le duc, ayant fait publier que

tous ceux qui faisaient profession de la religion
prétendue réformée eussent à se rendre à l'hôtel de
ville, y alla lui-même, précédé de ses gardes et
suivi de toute sa cour. Une partie du régiment de
Martinengue se saisit en même temps des portes et
des places publiques, et le reste forma une double
haie le long des rues qui conduisaient de l'hôtel du
duc à celui de la ville. Ces préparatifs, qui avaient
en effet quelque chose d'étonnant, jetèrent parmi
les calvinistes tout l'effroi qu'il est aisé de s'imaginer,
et il n'y en eut point qui ne crût que le duc allait
se porter aux dernières extrémités pour les obliger
à changer de religion. Mais si la crainte et le
trouble régnaient parmi le peuple, les plus considérables, qui se voyaient renfermés dans l'hôtel
de ville, n'étaient pas moins embarrassés.

En effet, le duc, ayant fait faire silence, leur dit
qu'ils avaient eu assez de temps pour penser à ce
qu'ils avaient à faire; qu'il fallait se déclarer; que
ceux qui étaient résolus d'être de la religion de
leur prince passassent à sa droite, et que ceux qui
voudraient persister dans leur endurcissement passassent à sa gauche.

Le duc ayant cessé de parler, ceux des catholiques qui étaient présents se mirent à exhorter leurs
amis d'ouvrir enfin les yeux, et de ne pas se perdre
eux-mêmes par une obstination à contre-temps et
dont ils seraient les premiers à se repentir. François, qui était présent et qui savait ce que le duc
avait résolu de faire, s'empressait plus que personne à représenter à ces malheureux l'importance
du choix qu'ils avaient à faire : on ne faisait qu'al-

ler et venir des deux côtés ; enfin le plus grand nombre passa à la droite du duc, mais il en resta pourtant d'assez considérables à sa gauche.

Le duc, reprenant alors la parole, et s'adressant à ceux qui étaient passés à sa droite, leur dit qu'il les regarderait à l'avenir comme ses bons et fidèles sujets, et qu'il n'y avait point de grâces qu'ils ne dussent attendre de son affection ; puis se tournant du côté de ceux qui étaient restés à sa gauche, les regardant avec des yeux pleins de colère et d'indignation : « C'est donc vous, malheureux, leur dit-il, qui osez en ma présence vous déclarer les ennemis de Dieu et les miens ! Allez, sortez d'ici ; je vous dépouille de vos charges et dignités, et vous bannis pour jamais de mes États. J'aime mieux n'avoir point de sujets que d'en avoir comme vous, dont j'aurais toujours à me défier. » Il fit en même temps signe à ses gardes, qui les chassèrent de sa présence.

Quelque juste que la sévérité du duc parût après tant de voies de douceur inutilement employées, François ne laissa pas d'en être touché. Son extrême douceur ne lui permit pas de voir ces malheureux, bannis si honteusement de la présence de leur prince, partir pour un triste exil, sans prier le duc de lui donner encore ce jour pour les ramener à leur devoir.

Le duc, qui n'avait usé qu'à regret de la sévérité dont on vient de parler, accorda le délai que sollicitait François, qui fut assez heureux, avant la fin du jour, pour persuader à la plupart de se conformer aux intentions et aux instances de leur prince. Un fort petit nombre, qui se croyait plus de fermeté qu'il n'en avait en effet, abandonna le Chablais pour passer à Nyons, de l'autre côté du lac. Mais, avant que le duc eût quitté Tonon, ils écrivirent à François pour le prier de ménager leur retour et leur rétablissement dans leurs biens, qui avaient été confisqués. François obtint aisément l'un et l'autre : les bannis revinrent, et furent bien reçus du prince.

Ainsi tous s'étant réunis dans la profession d'une même foi, le duc ne songea plus qu'à rétablir les choses d'une manière si solide qu'il ne fût pas aisé de les changer, et n'oublia rien de tout ce qui pouvait empêcher le retour de l'hérésie dans le Chablais et dans les trois bailliages.

LIVRE QUATRIÈME.

L'évêque de Genève désire saint François de Sales pour son successeur et l'oblige à consentir. — Son voyage et son séjour à Rome.
— Son retour à Turin. — Difficultés qu'il y surmonte. — Il est fait
prisonnier et rendu à la liberté avec honneur. — Il se rend à la
cour de France pour obtenir de Henri IV le rétablissement de la
religion catholique dans le bailliage de Gex. — Estime dont il est
entouré. — Ses prédications. — Accusation injuste. — Fruit de ses
sermons. — Après avoir obtenu ce qu'il était venu solliciter, il
repart pour Annecy. — Mort de l'évêque de Genève. — François
se prépare à son sacre.

François avait quitté le Chablais, sa présence n'y
étant plus si nécessaire, et s'était rendu à Annecy
pour rendre compte à l'évêque de Genève de l'exécution des ordres du duc et des siens. Il s'en était
acquitté avec son exactitude ordinaire, lorsque ce
saint prélat, qui avait depuis longtemps conçu le
dessein d'en faire son coadjuteur, et qui était
assuré du consentement du duc de Savoie, lui en
fit la proposition.

Il est aisé de juger quelle fut la surprise d'un

homme aussi humble que François. La multitude et
la confusion de ses pensées lui ôtèrent d'abord la
parole; mais enfin, reprenant le calme ordinaire
de son esprit, il le supplia de jeter les yeux sur
quelque autre sujet plus digne que lui de cette éminente dignité.

L'évêque de Genève, qui s'était attendu à ce refus, avait aussi prévu ce qu'il avait à répondre. Il
insista donc; mais François ayant persévéré dans
son refus, il ne jugea pas à propos de le presser
pour lors davantage; il le pria seulement de penser
à cette affaire et de la recommander à Dieu, comme
il allait lui-même le prier de leur faire connaître sa
volonté. Il admirait cependant sa profonde humilité, et la différence qui se trouve entre l'esprit de
Dieu et celui du monde; et il désirait d'autant plus
de vaincre la modestie de François, qu'elle lui
paraissait insurmontable. Il en parla à tous ceux
qu'il savait avoir quelque pouvoir sur son esprit.
Ceux-ci n'épargnèrent rien pour le porter à faire
ce que souhaitait le saint évêque; mais, bien
loin qu'ils obtinssent quelque chose, il se retira à
Sales pour n'être plus exposé à de pareilles sollicitations.

L'évêque de Genève l'y suivit, et se joignit au
comte et à la comtesse de Sales; ils firent les derniers efforts pour vaincre ce refus. Ceux qui ont
autant de douceur que François ne sont pas d'ordinaire les plus fermes dans leurs résolutions; la condescendance à laquelle ils sont accoutumés à l'égard
des autres, leur ôte presque la force de refuser,
quand ce qu'on leur demande dépend d'eux et qu'il
n'y a point de mal à l'accorder. L'évêque de Genève,

le comte et la comtesse de Sales étaient les trois
personnes du monde pour lesquelles François avait
le plus de respect et de déférence; mais ils avaient
Dieu au-dessus d'eux, et François, pénétré de sa
crainte et de son amour, était incapable, pour quelque considération que ce fût, de s'exposer au moindre danger de lui déplaire. D'ailleurs, comme c'était
moins par tempérament que par vertu qu'il s'était
formé à cette extrême douceur qui a fait un de ses
principaux mérites, il ne laissait pas d'avoir cependant de la fermeté. Persuadé que cette dignité était
infiniment au-dessus de ses forces et de son mérite,
il continua toujours à la refuser.

Enfin l'évêque s'adressa au duc de Savoie, et le
pria de lui envoyer le brevet de la coadjutorerie
pour François; il eut d'autant moins de peine à
l'obtenir, que le duc lui avait déjà destiné l'évêché même, en cas que l'évêque vînt à manquer.
Le prélat ayant reçu cette pièce, qui était absolument nécessaire à l'exécution de son dessein,
l'envoya au saint prêtre par un ecclésiastique d'un
fort grand mérite, et pour qui François avait beaucoup d'estime; il le chargea en même temps de lui
persuader de l'accepter, et, s'il continuait à s'en
défendre, de le lui commander de sa part, sous peine
de désobéissance.

L'ecclésiastique s'acquitta de sa commission en
homme qui avait envie de réussir; il employa les
raisons, l'autorité des Pères et les exemples des
saints pour l'obliger de se soumettre; et François
continuant de s'excuser sur son incapacité et son
peu de vertu, il lui dit enfin qu'il avait ordre de
l'évêque de lui commander, sous peine de déso-

béissance, d'accepter le brevet, et le conjura de
se rendre enfin à des marques si visibles et si con-
vaincantes de la vocation de Dieu.

A ces mots, son extrême répugnance se trouvant
comme accablée par l'autorité de l'Église et de Jésus-Christ même, dont il n'ignorait pas que son
évêque ne fût revêtu, il ne crut pas qu'il fût permis de résister davantage ; mais il crut devoir
encore consulter Dieu avant de donner son consentement. Il alla à l'église se prosterner devant le
saint Sacrement ; il y resta longtemps en prière, ré-
pandant une grande abondance de larmes. Il serait
difficile d'exprimer son trouble et son agitation :
prêt à consentir, il était toujours retenu par la
crainte des dangers auxquels il appréhendait que sa
vertu ne succombât. Enfin Dieu lui rendit sa première tranquillité, et cette paix du cœur lui étant
une preuve que Dieu voulait qu'il se soumît, il
revint trouver l'ecclésiastique, et le chargea de
dire, de sa part, à l'évêque de Genève que, s'il en
avait été cru, il n'aurait occupé que le dernier rang
dans la maison du Seigneur ; qu'il cédait pourtant,
en cette occasion, non pas aux hommes, mais à Dieu
même, de l'autorité duquel il était revêtu, et qu'il
protestait que c'était de lui seul qu'il recevait la
dignité qu'on lui offrait.

Il serait difficile d'exprimer la joie publique,
quand on sut que cet homme véritablement apostolique était coadjuteur de Genève. Ce qui venait
de se passer dans le Chablais lui avait acquis tant
d'estime, et son extrême douceur lui avait fait tant
d'amis, que c'eût été tromper l'attente publique
que de donner un autre successeur à l'évêque de

Genève. On peut dire même qu'on avait besoin d'un prélat d'un aussi grand mérite et d'une sainteté aussi éminente, pour affermir la religion catholique nouvellement rétablie; et en effet on n'eut pas plutôt su à Genève qu'il devait succéder à l'évêque qui occupait alors ce siége, qu'on y désespéra du rétablissement du calvinisme dans le Chablais.

Mais les sentiments de François étaient bien différents de ceux du public. Il n'eut pas plutôt donné son consentement, qu'il fut comme accablé de la plus vive douleur qu'il eût ressentie de sa vie. L'idée des périls auxquels il croyait qu'il allait être exposé le frappa si vivement, qu'il en perdit entièrement le repos : cette insomnie lui échauffa le sang et lui occasionna une fièvre violente dont l'ardeur, augmentée par le trouble et l'inquiétude de son esprit, le fit tomber dans une maladie très-dangereuse.

La comtesse de Sales, qui l'aimait uniquement, était dans une affliction inconsolable d'avoir contribué à lui faire donner ce fatal consentement qui allait lui coûter la vie. Tous ceux qui connaissaient François n'en étaient guère moins affligés, et l'on avait conçu de si grandes espérances d'un choix où le doigt de Dieu paraissait visiblement, qu'on ne pouvait se consoler d'une perte qu'on croyait irréparable.

François, au contraire, trouvait sa consolation dans ce qui affligeait tous les autres. La paix de son âme augmentait à mesure qu'il sentait croître son mal, et sa confiance en Dieu ne fut jamais plus grande que lorsqu'on désespérait de sa vie. Mais le Seigneur, qui l'avait destiné à de si grandes choses, voulut bien prolonger une vie qui devait être si sainte et si utile à son Église : ainsi la violence du mal ayant cessé, comme il était d'un fort bon tempérament, il eut bientôt recouvré ses forces. Le premier usage qu'il en fit fut de venir à Annecy voir l'évêque de Genève, qui était lui-même tombé malade de l'extrême affliction que sa maladie lui avait causée. Son arrivée contribua plus que tous les remèdes à la guérison du prélat. François ne le vit pas plutôt en état d'écouter ses plaintes, qu'il les lui fit de la manière du monde la plus touchante. L'évêque ne lui répondit qu'en l'embrassant tendrement, et en l'exhortant à mettre sa confiance en Dieu, qui, l'ayant appelé à l'épiscopat d'une manière dont il avait si peu lieu de douter, ne lui refuserait pas les grâces dont il aurait besoin pour être un saint évêque.

Ainsi François, ne pouvant rien obtenir, se soumit à la volonté de Dieu, qu'il crut lui parler par la bouche de son évêque. Il partit quelques jours après pour Rome ; mais l'évêque de Genève, qui appréhenda qu'il ne se fît décharger par le Pape de la coadjutorerie, le fit accompagner par son propre neveu, qui était chanoine de Genève et son vicaire général.

François, à son arrivée, alla d'abord rendre visite au cardinal de Médicis, qu'il avait connu à Tonon. Ce prince avait conçu une estime de son mérite et de sa piété qui ne pouvait aller plus loin, et l'on a su depuis qu'étant devenu Pape il avait eu dessein de le faire cardinal ; mais n'ayant vécu que vingt-sept jours après son élection, il ne put exécuter ni ce bon dessein, ni quantité d'autres qu'il avait. Le cardinal écouta avec beaucoup de plaisir le récit de ce qui s'était passé dans le Chablais depuis son départ de Tonon ; il examina avec attention les mémoires que le vénérable prêtre était chargé de présenter au Pape, et les demandes qu'il avait à lui faire pour l'entier rétablissement de la religion catholique dans le Chablais ; il lui promit de les appuyer, et lui offrit de le conduire lui-même à l'audience de Sa Sainteté.

Le Pape, qui connaissait François de réputation et lui avait écrit plusieurs brefs, le reçut très-bien, lui donna de grandes louanges, l'entretint souvent en particulier, et lui accorda tout ce qu'il lui demandait. Mais comme il remarqua qu'il ne lui parlait point de l'affaire de la coadjutorerie de Genève, dont le neveu de l'évêque l'avait déjà entretenu en lui rendant les lettres de son oncle, après avoir admiré une humilité si profonde jointe à un si grand mérite, il lui en parla de lui-même, et lui dit qu'il agréait le choix qu'on avait fait de lui. François lui répondit qu'il n'était point chargé de cette affaire, et que s'il avait eu à en parler à Sa Sainteté, ce n'aurait été que pour la supplier de le tirer d'un engagement si fort au-dessus de ses forces, et auquel il avait été comme forcé de donner son consentement. Le Pape lui répondit que c'était une affaire réglée, qu'il avait déjà donné son agrément, et qu'il se tînt prêt pour son examen, qu'il voulait faire lui-même dans trois jours.

Le jour marqué pour l'examen étant arrivé, il se rendit au lieu qui lui avait été marqué. Le Pape y vint quelque temps après, accompagné du cardinal Baronius, de sept autres cardinaux, d'un grand

nombre d'archevêques, d'évêques, d'abbés, de
généraux d'ordres et de célèbres docteurs, entre
autres du savant jésuite Bellarmin, qui fut depuis
cardinal. Le Pape, qui était très-habile, commença
lui-même l'examen, qui fut continué par les cardinaux, les évêques et les docteurs. Trente-cinq
questions de la théologie la plus sublime y furent
proposées, et François répondit à tout avec tant de
solidité, de netteté et de modestie, que le Pape,
plus que satisfait de sa capacité, se leva de son
siége, et l'embrassant tendrement lui dit ces paroles de l'Écriture : « Buvez, mon fils, des eaux de
votre citerne et de la source de votre cœur ;
et faites que l'abondance de ces eaux se répande
dans toutes les places publiques, afin que tout le
monde en puisse boire et s'y désaltérer. » Il le
déclara ensuite coadjuteur et successeur de l'évêque de Genève, le nomma évêque de Nicopolis,
et ordonna qu'on lui en expédiât les bulles. A
l'exemple du Pape, les cardinaux et les prélats
lui donnèrent de grandes marques d'estime et ren-
chérirent à l'envi sur les louanges du souverain
Pontife. Ainsi ce saint homme, qui avait prié Dieu
de le couvrir de confusion, s'il ne l'appelait pas
à l'épiscopat, s'en retourna couvert de gloire, et
remporta l'estime générale de la cour de Rome,
c'est-à-dire de la cour du monde la plus éclairée et
la plus difficile à surprendre.

　Ayant obtenu tous les brefs dont il avait besoin,
il alla prendre congé du souverain Pontife. Le Pape
lui donna mille marques d'estime, et lui recommanda de s'adresser directement à lui, soit pour
ses propres affaires, soit pour toutes les autres où

il aurait besoin de son autorité. François lui répondit que, sans attendre davantage, il avait une grâce à demander à Sa Sainteté; que l'Église de Genève jouissait de plusieurs droits qui lui paraissaient trop à la charge du peuple; que tel était celui qu'elle avait de succéder à ceux qui mouraient sans enfants; qu'il leur était défendu, comme à des esclaves, de tester et de disposer de la moindre partie de leurs biens en faveur de leurs proches parents, qui souvent étaient pauvres et qui en avaient beaucoup plus besoin que l'évêque de Genève; que tel était encore celui qu'avait le prélat d'obliger les habitants de certains bourgs de veiller toutes les nuits sur le bord des marais, et d'empêcher le bruit des grenouilles pendant qu'il dormait. Il ajouta que ces droits étaient indignes d'un évêque, qui devait être le père du peuple, et non exiger de lui des servitudes honteuses et qui sentaient beaucoup plus le paganisme que la liberté de l'Église chrétienne; que, puisque Sa Sainteté avait bien voulu le nommer coadjuteur et successeur de l'évêque de Genève, il la suppliait de lui permettre de pouvoir renoncer à des droits qui étaient si à charge à son peuple, s'il arrivait qu'un jour, en succédant à l'évêque, il crût qu'il fût à propos de l'en décharger. Le Pape admira la charité et le désintéressement du saint prêtre, lui permit de faire ce qu'il jugerait à propos, et lui renouvela les assurances de sa bienveillance et de sa protection.

François partit de Rome peu de jours après, et l'on remarqua qu'il n'avait jamais parlé au Pape et aux cardinaux de ce qui le regardait, quoiqu'ils se

fussent tous fait un plaisir de l'obliger, et qu'au lieu
de solliciter les bulles de la coadjutorerie de Genève,
il s'en était si absolument reposé sur la Providence,
que si le neveu de l'évêque de Genève n'eût pas eu
soin de les faire expédier, il fût revenu à Annecy
sans les apporter. François prit son chemin par
Lorette ; mais il n'y demeura qu'autant de temps
qu'il lui en fallut pour satisfaire à sa dévotion. Il se
rendit de là en diligence à Turin, pour y présenter
au duc de Savoie les brefs qu'il avait obtenus de
Sa Sainteté, et lui en demander l'exécution. Comme
il n'avait agi que par ses ordres, et conformément
à ce qu'il avait approuvé lui-même avant son départ
de Tonon, il avait lieu de croire que le duc, qui
regardait d'ailleurs le rétablissement de la religion
catholique dans le Chablais comme son ouvrage et
comme l'événement le plus glorieux de son règne,
apporterait toutes les facilités possibles à l'exécution de ces brefs. Mais ce n'est pas d'aujourd'hui
que les intérêts particuliers nuisent aux intérêts
généraux : les deux ordres militaires de Saint-Maurice et de Saint-Lazare, dont les ducs de Savoie sont
grands maîtres, s'opposèrent fortement aux desseins de François ; il se vit réduit ou à abandonner
un projet dont la conservation de la religion catholique dans le Chablais dépendait absolument, ou à
s'attirer l'inimitié de toutes les personnes de marque
des États du duc de Savoie. Ce prince même, en
qualité de grand maître, avait un grand intérêt à ne
point mettre à exécution les ordres de Sa Sainteté,
c'est-à-dire qu'il était tout à la fois juge et partie :
ce contre-temps plaçait dans une position fort délicate un sujet du caractère de François, qui se voit

chargé des intérêts de Dieu, mais qui ne peut les soutenir sans choquer ceux de son souverain. De moindres difficultés eussent été capables de rebuter un homme moins ferme et moins attaché à Dieu que François. Cependant elles n'étaient pas les seules qu'il eût à surmonter. L'affaire dont il s'agissait devait être portée au conseil du duc, presque tout composé de parents ou alliés des commandeurs des ordres. Il y avait encore un autre obstacle. François avait fait passer bien des choses au conseil contre le sentiment de la plupart des conseillers d'État, et il l'avait emporté sur eux plus d'une fois : il avait donc lieu de craindre qu'ils ne voulussent traverser de nouveau un projet qu'ils n'avaient jamais approuvé. Mais ce qui l'embarrassait le plus était la nature même de l'affaire en question, et que les oppositions des deux ordres paraissaient justes et fondées.

Dans cet embarras, où il ne prenait point d'autre intérêt que celui de Dieu même et de la religion, il eut recours à la prière, son refuge ordinaire lorsqu'il se voyait exposé aux contradictions des hommes. Après s'être rempli de force et de lumière au pied de la croix, il alla trouver le duc, et lui présenta les mémoires qu'il avait dressés pour répondre aux plaintes des commandeurs des deux ordres.

Ce prince, de son côté, n'était pas peu embarrassé : il ne pouvait pas nier qu'il n'eût donné son consentement à tout ce que François avait négocié à Rome ; mais les princes ont leurs intérêts particuliers à ménager comme les autres hommes, et le duc prévoyait de plus qu'il allait avoir avec la

France des démêlés qui ne lui permettaient pas de mécontenter la noblesse de ses États. L'expédient qu'il prit dans cette occasion fut de remettre la conclusion de cette affaire à un autre temps ; mais François lui représenta si fortement que remettre la conclusion de l'affaire dont il s'agissait à un autre temps était la ruiner absolument, qu'il obtint enfin son consentement pour l'exécution des brefs de Sa Sainteté. Après cela, ce ne fut plus une affaire d'obtenir celui des commandeurs : ainsi, tout le monde étant d'accord, le prince fit expédier des lettres pour le sénat de Chambéry, par lesquelles il ordonnait de vérifier, sans modification, les brefs du Pape qui lui seraient présentés, de sa part par le coadjuteur de Genève. François en fut lui-même le porteur ; et les brefs ayant été vérifiés, il partit pour le Chablais avec une autorisation expresse du Pape, de l'évêque et du duc, de les mettre à exécution. Il y employa le reste de l'année 1599 et une partie de l'année 1600.

Déjà les pasteurs rétablis, les églises et les monastères rebâtis, faisaient prendre au Chablais une nouvelle face. La religion catholique s'y affermissait tous les jours de plus en plus ; et les peuples, détrompés de leurs erreurs, commençaient à faire librement et même avec zèle ce que plusieurs avaient fait d'abord par des considérations humaines, lorsque l'hérésie, toujours attentive à tout ce qui pouvait la favoriser, fut sur le point de rentrer dans cette belle province. Ce fut à l'occasion de la guerre entre Henri IV, roi de France, et Charles-Emmanuel, duc de Savoie, pour la restitution du marquisat de Saluce (1600).

Les calvinistes entrèrent à main armée dans le Chablais et dans les bailliages pour y venger leurs injures particulières, sous prétexte d'aider Henri à obliger le duc de Savoie de lui faire satisfaction.

Il est aisé de s'imaginer en quel danger fut alors la religion, le duc de Savoie ayant retiré toutes ses troupes dans ses places, et n'y en ayant point qui osassent tenir la campagne. Déjà les pasteurs catholiques chassés, leurs maisons et leurs bénéfices occupés par les hérétiques, donnaient lieu de tout craindre pour les nouveaux catholiques, dont la foi encore chancelante n'avait pas besoin de pareilles épreuves, lorsque François, quoiqu'il eût tout à craindre de la fureur des hérétiques, résolut de s'opposer comme un mur pour la maison d'Israël.

Mais comme François allait partout, il donna dans un parti qui le fit prisonnier et le conduisit au marquis de Vitry, qui commandait pour le roi dans la province. Les hommes avaient en cela un dessein, et Dieu en avait un autre. Le marquis, ayant appris qui il était, le reçut avec beaucoup d'honneur, et fut si charmé de son entretien et de sa douceur, qu'il lui accorda tout ce qu'il voulut, et donna des ordres si précis, que les pasteurs furent rétablis dans leurs maisons et dans leurs bénéfices, et les hérétiques contraints de les leur céder.

François profita si bien de l'estime que Vitry avait pour lui, qu'il se vit en état de faire une visite générale du diocèse de Genève. Il l'entreprit avec un travail incroyable; et ce fut avec tant de succès, que, malgré la guerre, il rétablit trente-cinq paroisses, où il laissa des pasteurs et des missionnaires qui soutinrent la religion catholique contre les efforts des hérétiques.

La paix ayant rétabli partout la tranquillité et le bon ordre, François fut prié par les syndics d'Annecy d'y prêcher le carême : le peuple, qui l'aimait uniquement, souhaitait avec passion de le revoir en chaire, après en avoir été privé pendant les années que la mission du Chablais avait duré. Il était près de se mettre en chemin, lorsqu'il apprit que son père était dangereusement malade. Sans attendre la confirmation de cette fâcheuse nouvelle, il se rendit en diligence au château de Sales ; il trouva le comte encore plus mal qu'on ne lui avait mandé, mais qui ne laissait pas de l'attendre pour recevoir de sa main les derniers sacrements. François s'acquitta de ce devoir avec sa piété et sa fermeté ordinaires.

Lorsque tout paraissait désespéré, le malade se sentit soulagé, et les médecins assurèrent que, s'il n'en guérissait pas, il vivrait au moins assez pour donner à François tout le temps dont il avait besoin pour prêcher le carême à Annecy. Il partit sur cette assurance, après en avoir obtenu l'agrément de son père ; mais il avait à peine prêché les premières semaines, qu'on vint lui dire, comme il était près de monter en chaire, que le comte était mort, et que sa famille, accablée d'affliction, l'attendait pour lui rendre les derniers devoirs. Cette fâcheuse nouvelle le frappa d'autant plus vivement qu'il s'y était moins attendu. Il aimait son père avec toute la tendresse dont un cœur aussi bien fait que le sien était capable, et il en était vivement aimé ; cependant, après s'être recueilli un moment pour offrir à Dieu la perte qu'il venait de faire, et se soumettre aux ordres souverains de sa justice, qui a condamné tous les hommes à la mort, il eut la force de monter en chaire, et de prêcher avec autant de présence d'esprit que s'il ne lui fût rien arrivé de fâcheux. Le sermon fini, il annonça lui-même à son auditoire la perte qu'il venait de faire, et lui demanda congé pour aller rendre les derniers devoirs à son père.

Comme François n'était point de ces dévots insensibles, qui font gloire d'être durs et de ne rien donner aux sentiments les plus indispensables de la nature, tout le monde admira sa fermeté; mais la surprise fut bien plus grande, lorsqu'on le vit revenir, deux jours après, continuer ce qu'il avait commencé, et achever son carême avec ce zèle et cette éloquence pour lesquels tout le monde sait qu'il faut une fort grande liberté d'esprit. Ce n'est pas sans raison que l'Apôtre dit que le juste vit de la foi : c'est elle qui le soutient dans toutes les traverses de la vie; et, si elle n'empêche pas de les ressentir, elle élève au moins l'âme à ce degré de force qui paraît au commun des hommes une espèce d'insensibilité, mais qui n'est en effet qu'une soumission respectueuse aux ordres de la Providence.

François apprit, dans ce même temps, que les hérétiques se prévalaient de la cession qui avait été faite au roi de France du bailliage de Gex. C'était celui des trois dont on a parlé, où la religion catholique avait fait le moins de progrès : il était, comme les autres, du diocèse de Genève; mais, ayant

changé de souverain, François n'y pouvait plus agir
avec l'autorité qu'il avait du temps qu'il appartenait au duc de Savoie. Ce fut ce qui lui fit concevoir le dessein d'aller à la cour de France, pour
obtenir du grand Henri la permission de travailler à
la conversion des peuples de ce bailliage, comme
il avait fait pour ceux du Chablais et des deux autres
bailliages.

L'évêque approuva son voyage ; et, pour lui attirer
plus de considération, il convoqua une assemblée
générale du clergé de Genève, pour le faire députer
à la cour de France. L'acte de sa députation lui ayant
été remis, il prépara toutes choses pour son départ,
et partit quelques jours après.

La première visite qu'il rendit à Paris fut à l'é-
vêque de Camerin, nonce du Pape, qu'il avait connu
à Rome. Il l'informa du sujet de son voyage, et lui
demanda sa protection auprès du roi. Le nonce la
lui promit tout entière, et se chargea de le présenter lui-même à Sa Majesté. Ils allèrent ensemble
à l'audience. François complimenta le roi d'une
manière qui lui acquit l'estime de toute la cour ; il
lui présenta les lettres de l'évêque de Genève, et
le nonce expliqua, un peu plus long que François
ne l'avait fait, le sujet qui l'obligeait de recourir à
la protection de Sa Majesté.

Le roi, qui était le meilleur aussi bien que le
plus grand prince du monde, reçut François avec
cette bonté qui le faisait adorer de ses peuples et
des étrangers ; il l'écouta favorablement, et, après
l'avoir obligeamment assuré qu'il n'avait pas oublié
tout le bien qu'il avait ouï dire de lui, lorsqu'il était
en Savoie, il le renvoya à Villeroi, secrétaire d'État,

auquel il ordonna de lui faire un rapport des propositions que lui ferait François.

Les calvinistes étaient alors fort puissants à la cour de France : la liberté que l'édit de Nantes leur avait donnée de professer publiquement leur religion, y en avait attiré un grand nombre ; les charges et les emplois en étaient remplis : ainsi François ne pouvait que trouver de grandes oppositions à l'exécution de ses desseins.

En effet, étant entré en conférence avec Villeroi, celui-ci rejeta bien loin la proposition qu'il lui fit de rétablir la religion catholique dans le bailliage de Gex.

Mais la réponse de François et les motifs qu'il fit valoir lui plurent si fort, qu'il les lui demanda par écrit : François les lui donna sur-le-champ, et Villeroi lui promit de faire à Sa Majesté un rapport aussi favorable qu'il le pouvait souhaiter.

Pendant qu'il travaille si avantageusement pour l'Église, Dieu de son côté travaille à établir sa réputation de cette manière éclatante qui vient à bout des entreprises les plus difficiles.

Ce qu'on voyait de lui avait tant de rapport à ce qu'on en disait, et sa conduite répondait si bien à la haute opinion qu'on avait de sa vertu, qu'on forma le dessein de l'arrêter en France, en lui procurant un évêché plus considérable et moins pénible que celui de Genève.

On apprit dans ce même temps que le prédicateur qui avait été nommé pour prêcher le carême suivant à la cour ne le pouvait faire, à cause de quelque accident qui lui était survenu. On résolut aussitôt de prier le coadjuteur de Genève de le faire à sa place. Il se rejeta d'abord sur le peu de temps qu'il avait pour se préparer; mais il se rendit enfin, dans l'espérance de faire quelque fruit dans un lieu où l'on avait besoin d'un prédicateur habile et désintéressé.

En effet, la cour de France n'était pas seulement remplie de calvinistes, mais aussi de gens impies et de libertins : c'était le résultat malheureux d'une longue guerre civile dont on ne faisait que de sortir. François, dans le dessein de rendre ses sermons utiles à tout le monde, entreprit de combattre tout à la fois l'hérésie et l'impiété.

Ces matières importantes ayant fait le sujet de ses premiers discours, comme il vit que les catholiques et les calvinistes, charmés de la beauté de sa morale, couraient à l'envi l'entendre, il entreprit la controverse ; et Dieu continuant de donner sa bénédiction à son zèle, il convertit un si grand nombre d'hérétiques des plus obstinés, que le cardinal du Perron, qui en fut témoin, ne put s'empêcher de dire : « Qu'il n'y avait point d'hérétiques qu'il ne fût assuré de convaincre; mais que, pour les convertir, c'était un talent que Dieu avait réservé à M. de Genève. » Il est vrai qu'outre qu'il était très-habile, et qu'il avait étudié à fond les matières de controverse, il parlait avec une grâce extraordinaire, et avait une adresse bien propre à s'insinuer dans les esprits. Sa patience et son incomparable douceur lui gagnaient tous les cœurs ; et les calvinistes mêmes, qui le regardaient comme le destructeur de leur religion, ne pouvaient s'empêcher de l'estimer et de l'aimer.

Mais la conversion des hérétiques ne fut pas la

seule à laquelle il travailla avec succès ; il ne réussit pas moins dans celle de plusieurs catholiques très-corrompus, et qui, ayant vieilli dans le crime, avaient presque désespéré de leur salut.

François, sévère à lui-même, n'avait que de la douceur pour les autres ; ce n'était pas une molle condescendance qui flatte le crime sous prétexte de ménager le pécheur, c'était une conduite prudente, accommodée aux divers caractères et aux différents besoins du prochain. Il pleurait souvent devant ses pénitents les péchés qu'ils ne pleuraient pas eux-mêmes, et leur inspirait par son exemple la douleur qu'ils devaient ressentir et la conduite qu'ils devaient garder pour éviter les rechutes ; il exerçait sur lui-même les rigueurs qu'ils ne pouvaient se résoudre d'embrasser ; et par là, ou il leur obtenait de Dieu l'esprit de pénitence, ou il les portait à s'y soumettre : il mêlait ses larmes avec celles de ceux qu'il voyait véritablement touchés ; il veillait, il priait, il jeûnait et soulageait leurs peines, en les partageant avec eux ; mais quand il trouvait des âmes fortes, dégagées, capables de tout entreprendre pour Dieu, il avait une conduite exacte, ferme, élevée ; il les menait par les voies de la sainteté la plus sublime : c'est ce qu'on verra par la manière dont il en usa à l'égard de la baronne de Chantal.

On reçut dans ce même temps la nouvelle de la mort de Philippe-Emmanuel de Lorraine, duc de Mercœur. Comme il était beau-frère du roi Henri III, prédécesseur de Sa Majesté, elle voulut qu'on lui fît tous les honneurs qu'on aurait pu rendre à un prince du sang. La duchesse de Mercœur, sa veuve, n'oublia rien pour marquer sa douleur et pour honorer la mémoire d'un si grand prince : elle fit faire les préparatifs de sa pompe funèbre dans Notre-Dame de Paris, et François fut prié de sa part d'en faire l'oraison funèbre. Ce fut donc en présence des princes et des prélats de France, et d'un nombre infini de peuple, qu'il fit cet excellent discours, qui fut depuis imprimé.

Il n'y avait plus d'assemblée de piété dans Paris où François ne fût invité. On ne faisait plus de projet de dévotion, qu'on ne le lui communiquât, ni d'affaire importante pour la gloire de Dieu, sans le consulter : à peine lui était-il permis, après tant de fatigues, de donner quelques heures au repos dont la nature ne peut se passer. Il n'oubliait pas cependant la principale affaire pour laquelle il était à Paris ; et comme elle l'obligeait d'aller souvent à la cour, elle lui donna lieu d'entretenir souvent le roi en particulier. Ce grand prince, qui estimait sa vertu et son savoir, lui proposait souvent des affaires de conscience, et même des plus délicates, qui regardaient sa propre conduite.

François n'eut jamais la lâche complaisance de flatter les vices des grands, pas même des souverains ; et quand ils le consultaient sur les affaires de leur salut, bien loin de chercher des prétextes et des adoucissements pour ne pas troubler leur malheureuse tranquillité, il usait d'une sainte liberté, mais avec tant de ménagement et de douceur toutefois, qu'on recevait de sa main les remèdes les plus amers, sans presque s'apercevoir de leur amertume.

Ce fut ce qui lui arriva à l'égard de Henri IV.

Nous ignorerions une des plus belles circonstances de sa vie, si ce grand prince ne nous l'eût pas lui-même apprise ; car, rendant un jour raison de l'affection particulière qu'il avait pour François, il dit « qu'il l'aimait, parce qu'il ne l'avait jamais flatté. »

Le duc d'Épernon avait sollicité François, de la part de Sa Majesté, de demeurer en France, et lui avait offert un évêché et une pension ; mais il ne put rien obtenir. Le roi fut touché de son refus ; il admira le détachement que François avait de la fortune, et ne put s'empêcher de dire qu'il y avait quelque chose de plus grand à la méprise qu'à s'assujettir un empire.

Cependant son mérite, ou plutôt la faveur du roi, lui fit des envieux, et ces envieux résolurent de le perdre. Pour y réussir, ils s'avisèrent de l'accuser de travailler à renouveler la conspiration du maréchal de Biron contre le roi. Personne ne doutait que le duc de Savoie n'y fût entré : François était son sujet ; voilà le fondement de l'accusation. Ils s'adressèrent au roi même, et lui dirent qu'il était en réalité un émissaire du duc de Savoie, d'autant plus dangereux et d'autant plus à craindre, qu'il était insinuant et qu'il avait l'art de se faire des amis.

Quoique leurs raisons fussent bien faibles, Henri, qui avait une délicatesse infinie sur l'affaire dont il s'agissait, ne laissa pas de les trouver vraisemblables ; mais sa prudence ne lui permit pas de faire un éclat avant d'être mieux informé. Il crut qu'il fallait faire observer le coadjuteur de Genève, et par malheur il en donna la commission à ceux

mêmes qui venaient de lui donner ces avis, c'est-
à-dire aux personnes du monde qui avaient le plus
d'intérêt à les faire trouver véritables à quelque prix
que ce fût.

Cependant, comme François avait un grand
nombre d'amis à la cour, cette accusation ne put
être si secrète, qu'un gentilhomme qui lui était
fort attaché n'en fût averti, et n'allât aussitôt chez
lui pour la lui apprendre ; ne l'ayant pas trouvé, il
alla le chercher à Saint-Benoît, où il prêchait l'oc-
tave du Saint-Sacrement. Il le trouva au bas de la
chaire, près d'y monter ; et ce fut là qu'il l'informa
du crime dont on l'accusait.

Il n'est guère de personnes qui ne se troublent
ou ne s'effraient, malgré leur innocence, lorsqu'elles sont instruites qu'on les soupçonne d'un
fait aussi grave ; et même moins on se sent capable d'un pareil crime, plus on est surpris qu'on
puisse en être accusé. François ne sentit rien de
ces agitations. Sûr de son innocence, de la bonté
du roi et de la protection de Dieu, il remercia le
gentilhomme avec une tranquillité qui le surprit,
monta en chaire, et ne prêcha jamais avec plus de
force et d'éloquence. Le sermon fini, le gentilhomme, qui y avait assisté, lui avoua qu'il était
effrayé de sa tranquillité, et le conjura de ne rien
négliger pour se tirer d'une affaire dont les moindres
circonstances prouvées étaient également dange-
reuses pour sa réputation et pour sa vie. François
répondit qu'il était résolu de se justifier, mais qu'il
voudrait bien le pouvoir faire sans nuire à ses
ennemis. Il partit à l'heure même pour aller trouver
le roi ; mais il était déjà justifié dans son esprit. Ce

grand prince n'avait pu faire réflexion sur l'innocence de ses actions, sur la sainteté de sa vie, sur
sa douceur, son zèle et son détachement des choses
du monde, sans le croire innocent : il se reprocha
même d'avoir pu le soupçonner d'un crime auquel
on ne peut penser sans horreur. Ainsi François
étant entré dans la chambre du roi avec cet air
tranquille et plein de candeur qui marquait bien
son innocence, ce qui avait pu rester de soupçon
dans l'esprit de ce prince acheva de se dissiper :
il le prévint lui-même, et, le prenant en particulier, il lui dit qu'il ne prît point la peine de se
justifier.

Cependant, quelque mauvais succès qu'eût eu
l'accusation intentée contre lui, il ne laissa pas
de la regarder comme un avertissement que Dieu
lui donnait de s'éloigner de la cour. Il redoubla
ses instances pour la conclusion de l'affaire du
bailliage de Gex; il en parla même au roi. Malgré l'envie qu'avait ce grand prince de lui faire
le plaisir tout entier, il ne put lui accorder qu'une
partie de ce qu'il demandait; mais ce fut en ajoutant ces paroles obligeantes : « Qu'il se défierait
du zèle de tout autre ; mais qu'il était assuré que
celui du coadjuteur de Genève ne produirait jamais
que de bons effets pour le service de Dieu et pour
le sien. » Ainsi François, n'ayant plus d'affaire
à la cour, prit congé de Sa Majesté, et partit,
au grand regret de ses amis, pour retourner à
Annecy.

A quelques journées de Paris, il reçut des lettres par lesquelles on lui apprenait la mort de

l'évêque de Genève. François, qui l'avait toujours honoré comme son père et aimé comme son bienfaiteur, le pleura avec des larmes d'autant plus sincères, qu'il n'était point touché de l'ambition de lui succéder. Il n'était point revenu des saintes frayeurs que l'épiscopat lui avait causées : plus il s'en voyait proche, plus il s'en estimait indigne; et s'il eût pu rendre son prédécesseur immortel, il l'eût fait par le seul motif de ne lui jamais succéder. Cependant, comme c'était une nécessité pour lui de remplir la place vacante, il ne voulut point entrer dans Annecy, de peur que la joie de l'arrivée d'un nouvel évêque ne diminuât la douleur si juste qu'on ressentait de la mort de son prédécesseur. Il choisit le château de Sales pour sa retraite, et ce fut là qu'il se rendit pour se préparer à son sacre.

Il employa les premiers jours après son arrivée à recevoir les visites et les compliments du clergé, de la noblesse et de tous les corps de son diocèse, qui le vinrent féliciter sur son retour et sur son heureux avénement à l'épiscopat. Dès qu'il se vit débarrassé de la foule et qu'il fut seul, il envoya à Tonon prier le père Fourrier, jésuite, de se rendre à Sales, et de vouloir bien lui servir de directeur pendant une retraite de vingt jours qu'il avait dessein d'y faire. Ce fut sous la direction de ce savant et pieux religieux, et par ses avis, qu'il dressa le plan de la conduite qu'il avait résolu d'observer soigneusement toute sa vie. La confession générale de tous ses péchés, la méditation, le silence, le jeûne, les mortifications les plus austères, servirent de préparatifs au dessein qu'il avait de travailler sérieusement à l'édification de son peuple par le règlement de sa personne et de sa maison.

On ne voit point dans les règlements qu'il fit pour sa conduite qu'il se prescrivît des austérités et des pénitences extraordinaires ; mais une vie exacte et uniforme, toujours occupée de ses devoirs, toujours attentive à Dieu et aux besoins du prochain, ne peut passer que pour une vie très-mortifiée. On sait qu'il portait la haire et qu'il prenait la discipline ; mais il avait d'autant plus de soin de le cacher, qu'il était plus éloigné de l'ostentation, et que son état ne demandait pas de lui cet extérieur rigide, qui n'est pas en effet le caractère de l'épiscopat. A bien prendre les choses, la sainteté ne consiste pas dans des mortifications extraordinaires, mais à faire, chacun dans son état, ce que Dieu veut que l'on fasse. Il y a quelque chose de grand à mourir pour Dieu ; mais il n'est peut-être ni moins difficile, ni moins grand de savoir vivre pour lui.

LIVRE CINQUIÈME.

Pendant que François ne s'occupait que de Dieu dans sa retraite, la comtesse sa mère n'épargnait rien pour rendre la cérémonie de son sacre des plus magnifiques. Elle avait choisi pour cela l'église de Thorens, gros bourg qui appartenait à la maison de Sales, tant à cause de la beauté et de la grandeur du vaisseau, qu'à cause de la proximité du château de Sales.

Le 8 décembre, jour fixé pour cette auguste cérémonie, François fut sacré en présence d'une grande foule de peuple qui était accourue d'Annecy et des lieux circonvoisins, et des personnes les plus qualifiées de toute la Savoie, qui s'y étaient rendues pour lui faire honneur.

Après son sacre, il se regarda comme un homme mort au monde, et qui ne devait plus vivre que pour Dieu et pour l'Église : il ne s'occupa plus que des devoirs de son ministère ; ou si la bienséance, ou ce qu'il devait à sa famille, l'en détournait parfois pour quelques instants, il y retournait aussitôt avec une nouvelle ferveur, et semblait n'avoir cessé d'agir que pour reprendre ses occupations ordinaires avec un zèle encore plus grand. Ainsi, dès que les évêques qui avaient fait la cérémonie de son sacre furent partis, il rentra dans une espèce de retraite ; pour régler tout ce qu'il aurait à faire quand il serait arrivé à Annecy. Il envoya cependant Louis de Sales, son cousin, prendre en son nom possession de son Église et faire part au chapitre de sa consécration. Il partit lui-même pour Annecy quelques jours après, accompagné de plusieurs personnes de qualité qui voulurent honorer son entrée.

Il fut reçu avec des honneurs extraordinaires et une satisfaction générale, le peuple ne pouvant se lasser de louer Dieu de lui avoir donné un pasteur selon son cœur et si propre à sanctifier le troupeau qu'il lui avait confié.

Comme il était persuadé que rien n'était plus capable de contribuer au rétablissement des bonnes mœurs que l'instruction de la jeunesse, il ordonna qu'on ferait dans Annecy et dans tout le diocèse, les fêtes et les dimanches, le grand catéchisme. Pour témoigner l'estime qu'il faisait de la fonction de catéchiste, il voulut faire lui-même l'ouverture du catéchisme, et la continua toujours depuis, tant que ses autres occupations le lui permirent. On voyait ce grand prélat, dont Rome et Paris avaient admiré l'éloquence et le savoir, parmi de petits enfants, se rabaissant à leur portée et à leur faiblesse, et les instruisant lui-même avec une patience et une douceur qu'on ne pouvait se lasser d'admirer.

Il s'occupa à régler ce qui concernait la ville d'Annecy et ses environs, et commença par sa propre maison. Il ne se contenta pas d'exécuter ce qu'il s'était proposé avant son sacre; il y ajouta plusieurs choses qu'il crut devoir contribuer à l'édification publique. On rapporte qu'un de ses amis l'ayant engagé de prendre une femme d'un âge non suspect pour avoir soin du linge et des meubles, il n'y voulut jamais consentir, ajoutant qu'il ne logerait même pas sa propre mère chez lui. La raison qu'il en donna, fut la même dont se servit autrefois saint Augustin dans une occasion toute pareille; qu'il était persuadé que personne ne trouverait à redire qu'il demeurât avec une mère d'une vertu aussi généralement reconnue que celle de la comtesse de Sales, mais qu'il n'en serait pas peut-être de même des femmes dont elle ne pourrait se dispenser de recevoir les visites. En effet, la comtesse de Sales, qui venait souvent à Annecy, ne logea jamais chez son fils : elle avait une maison particulière. Ce fut un point sur lequel on ne put jamais l'obliger de se relâcher.

Il était de la même exactitude à l'égard des femmes qui avaient quelque affaire à lui communiquer. Il ne leur parlait jamais qu'en public ou devant quelque témoin à qui il ordonnait de ne les point perdre de vue.

L'amour et l'estime que son peuple avait pour lui ne pouvaient aller plus loin. Quand il passait par la ville, où il allait toujours à pied, tout le monde sortait des maisons pour recevoir sa bénédiction. Les mères particulièrement plaçaient sur son passage les enfants fâcheux et opiniâtres, afin qu'il les bénît; et l'on a remarqué souvent qu'en leur imprimant le signe de la croix sur le front, ou leur mettant la main sur la tête, ou même en les caressant, leurs cris et leurs larmes cessaient, et qu'ils devenaient plus doux et plus soumis.

Il entrait souvent dans les maisons des artisans et des pauvres gens, s'informait de leurs besoins, écoutait leurs plaintes, les consolait et les assistait; il portait la paix partout, et dès qu'il savait qu'il y avait quelque division dans une famille, il y allait et n'en sortait point qu'il n'y eût rétabli l'union. Rien ne résistait à son incomparable douceur; rien n'était capable de rebuter sa charité, et on l'a vu par sa patience venir à bout des inimitiés les plus invétérées.

Pour établir une parfaite uniformité dans son diocèse pour les instructions et l'administration des sacrements, il composa lui-même un excellent rituel, qui sera un monument perpétuel de sa prudence, de sa capacité et de la charitable condescendance qu'on doit avoir pour le prochain.

Le zèle du saint évêque ne s'arrêta pas à donner aux pasteurs de son diocèse des instructions par écrit; il crut qu'il devait les instruire de vive voix. Il ordonna, pour cet effet, qu'on tiendrait le synode tous les ans, à certain jour fixe, sans qu'il fût besoin d'une autre convocation. Il prenait ce temps pour leur apprendre ce qui concernait leurs fonctions ; et il ne croyait pas qu'il fût au-dessous de lui de descendre dans le dernier détail.

Pendant que François s'occupait ainsi à régler son diocèse, les fêtes de Pâques arrivèrent : elles ne furent pas plutôt passées, qu'il partit pour Turin, pour rendre ses devoirs au duc de Savoie, comme ont coutume de le faire les évêques nouvellement consacrés. Il fut reçu dans cette cour avec toute l'estime que sa réputation lui avait acquise. Tout le monde le consultait à l'envi, et le duc même eut plusieurs conférences avec lui, touchant l'entier rétablissement de la religion catholique dans son diocèse. Son désintéressement parut encore dans cette occasion. On savait qu'il était pauvre, et le prince le savait mieux que personne ; la considération qu'il avait pour lui, la confiance même qu'il lui faisait paraître, semblaient l'inviter à lui demander quelque grâce : il s'oublia comme il avait coutume de faire ; il ne se souvint que des pauvres et des nouveaux catholiques, en faveur desquels il obtint tout ce qu'il demanda. On ne manqua pas de lui suggérer de penser à lui-même et de profiter de la bonne volonté du duc, mais il répondit « qu'il n'était pas venu pour cela. »

Le maire et les échevins de Dijon lui écrivirent pour le prier de venir prêcher l'avent et le carême dans leur ville. Le pieux évêque, qui avait résolu de ne point sortir de son diocèse qu'il ne s'agît du service de l'Église en général, ou de l'intérêt de la sienne en particulier, fut sur le point de s'y refuser;

mais Dieu, à la gloire duquel ce voyage devait un jour tant contribuer, ne permit pas qu'il s'en tînt à cette première pensée. François se sentait pressé vivement d'accorder ce qu'on lui demandait; il n'en voyait pas la raison, et se disait à lui-même les choses qui l'en devaient détourner : la Providence lui cachait encore le fruit qu'elle voulait tirer de ce voyage, mais elle le sollicitait intérieurement de le faire. Il suivit cet attrait et répondit que, s'agissant de sortir de son diocèse et des États du duc de Savoie, il ne pouvait faire ni l'un ni l'autre sans avoir la permission du Pape et celle de son souverain; qu'il allait leur écrire, et qu'il ferait savoir leur réponse. Le Pape lui accorda sur-le-champ la permission qu'il demandait; mais le duc de Savoie la refusa sous divers prétextes.

Le saint prélat, qui regardait toujours la volonté de Dieu comme le premier mobile de tous les événements humains, et qui, selon qu'il le dit lui-même, s'était fait une loi de ne rien désirer et de ne rien craindre, reçut le refus du duc comme il aurait reçu la permission qu'il lui avait demandée; il en écrivit en ce sens au maire et aux échevins de Dijon, et continua ses fonctions avec sa tranquillité ordinaire.

Il reçut en ce même temps du parlement de Bourgogne, de qui le bailliage de Gex dépend, un arrêt qu'il sollicitait depuis son retour de la cour de France : il avait été rendu en conformité des lettres patentes de Sa Majesté très-chrétienne, qu'il avait obtenues pour le rétablissement de la religion catholique dans le bailliage. Il portait expressément que les biens ecclésiastiques, usurpés par les calvinistes, seraient restitués. Cet article ne pouvait souffrir, dans son exécution, que de très-grandes difficultés, et François jugea que son autorité, d'ailleurs peu respectée des calvinistes, ne suffirait pas pour les surmonter. Il était intime ami du duc de Bellegarde, gouverneur du pays de Gex, et du baron de Luz ; il les pria tous deux de se rendre à Gex, pour l'aider à faire exécuter les intentions de Sa Majesté. Le duc et le baron s'y rendirent, et François, accompagné de plusieurs ecclésiastiques zélés et habiles, y arriva en même temps. Les choses s'y passèrent d'abord assez paisiblement : les ordres du roi étaient précis, et il eût été imprudent de s'y opposer en présence d'un gouverneur qui n'était sur les lieux que pour les faire exécuter. Mais les plus grands calmes sont pour l'ordinaire suivis des plus furieuses tempêtes : tant qu'il ne fut question que de prêcher et d'instruire, on ne trouva point d'opposition ; mais on ne se fut pas plutôt mis en devoir de rentrer en possession des biens usurpés, que tout pensa se soulever. La présence et l'autorité du duc et du baron, et, plus que tout cela, les précautions qu'ils avaient prises pour faire exécuter les volontés du roi, retinrent pourtant les plus échauffés ; mais elles n'empêchèrent pas que leur ressentiment ne tombât sur le saint prélat. Ils savaient que c'était lui qui avait obtenu les lettres du roi et l'arrêt du parlement, et son zèle leur était trop connu pour pouvoir douter qu'il n'en procurât l'exécution dans toute leur étendue : sa mort seule en pouvait rompre le cours ; elle fut résolue, et l'on trouva le moyen de l'empoisonner. Une fièvre violente le prit aussitôt ; mais comme tout était suspect dans un pays où l'on savait qu'il ne manquait pas d'ennemis, les médecins se doutèrent de ce que ce pouvait être, et lui firent prendre une telle dose de contre-poison qu'enfin la fièvre cessa, et qu'il recouvra la santé. La force de son tempérament ne laissa pas d'en être affaiblie, et ce fut apparemment une des causes qui abrégèrent ses jours.

Au plus fort de sa maladie, il n'eut point de plus grand soin que de prier pour ses ennemis, et d'empêcher qu'on ne punît l'attentat commis sur sa personne. Une vertu si rare toucha deux gentilshommes du duc de Bellegarde, zélés calvinistes, et qui avaient de la capacité; ils avaient été ébranlés par ses prédications, son exemple acheva leur conversion; ils ne purent croire qu'un imitateur si exact de la patience du Sauveur pût ignorer ou altérer sa doctrine; et faisant comparaison de l'innocence de ses mœurs avec celles de leurs ministres, ils achevèrent de se persuader que la pureté de la foi devait être où ils voyaient reluire tant de vertus. Leur conversion fut suivie d'un grand nombre d'autres : ce succès augmenta encore la haine des calvinistes contre lui.

François ne rabattit rien de son zèle; il n'en prit pas plus de précautions, et il ne quitta le pays qu'après y avoir gagné à Dieu un grand nombre d'âmes, établi des églises et des pasteurs, et pris toutes les mesures pour y faire refleurir l'ancienne religion. De Gex, il retourna à Annecy; mais il en partit aussitôt, et fit douze grandes lieues à pied pour aller à Notre-Dame de Tonon, remercier Dieu de la santé qu'il lui avait rendue, et du rétablissement de la religion catholique dans le bailliage de Gex.

Cette ville et le Chablais, dont elle est la capitale, lui étant redevables de leur retour à l'Église catholique, et comme il leur avait depuis obtenu beaucoup de grâces du duc de Savoie, il y fut reçu avec une joie extrême. Tout le monde vint au-devant de lui ; on accourut de toute la province pour le voir, et la ville de Tonon, bien différente de ce qu'elle était autrefois, lui rendit autant d'honneurs qu'elle lui avait témoigné de haine et de mépris. Il acheva d'affermir dans la foi ceux qui n'y étaient pas encore bien établis, et guérit l'aigreur qui était restée dans le cœur de ceux qui croyaient avoir été maltraités : il se fit tout à tous pour gagner tout le monde à Jésus-Christ.

Comme il était sur son départ pour retourner à Annecy, deux chanoines réguliers de l'abbaye de Six vinrent lui rendre visite. Cette abbaye est située dans le fond du Faucigny, entre des montagnes fort élevées, toujours couvertes de glaces si épaisses qu'elles ne fondent jamais : seulement, au fort de l'été, elles se fondent quelquefois avec un fracas si horrible, qu'il semble que tout le pays va être abîmé. Un hiver éternel règne dans ces tristes lieux, et les rend inaccessibles pendant la plus grande partie de l'année. Cet affreux séjour avait été choisi, il y a plusieurs siècles, par Ponce, de l'illustre maison des barons de Faucigny, mais plus célèbre encore par sa piété, pour y vivre retiré du monde. Il y avait bâti l'abbaye de Six, lui avait donné de grands biens, et était mort en réputation de sainteté. La piété avait longtemps régné dans ce saint lieu; mais il n'y a rien dont la faiblesse humaine se lasse plus tôt que d'une régularité exacte : aussi dans la suite des temps, les chanoines réguliers de cette abbaye dégénérèrent-ils de la vertu de leurs prédécesseurs.

Le vénérable pasteur, touché des remontrances des deux chanoines, partit à l'heure même pour aller faire la visite de l'abbaye de Six : il y trouva les choses dans l'état déplorable qui lui avait été représenté : mais le chapitre, gagné par la douceur et les honnêtetés du saint prélat, reçut sa visite, et se soumit aux règlements qu'il jugea à propos de faire. Ainsi dans peu de jours le bon ordre fut rétabli dans cette maison.

Cependant le bruit s'étant répandu dans le Faucigny que François était à l'abbaye de Six, on y vint de tous côtés pour l'y saluer : il y reçut entre autres les députés des habitants d'une vallée située à trois lieues de là, qui lui apprirent les grands malheurs qui venaient de fondre depuis peu sur eux. Comme la province est pleine de montagnes d'une hauteur excessive, les sommets de deux de ces montagnes s'étant détachés avaient écrasé par leur chute plusieurs villages, quantité d'habitants, et un grand nombre de troupeaux qui faisaient toute la richesse du pays.

François, qui avait le cœur du monde le plus tendre pour les misères d'autrui, fut sensiblement touché du malheur de ces pauvres gens, et partit avec eux à pied. Il lui fallut un jour entier pour faire les trois lieues qu'il y a de l'abbaye de Six à la vallée. Le mal était encore plus grand qu'on ne le lui avait fait : les habitants, réduits à une

extrême pauvreté, avaient à peine figure humaine ;
tout leur manquait, les habits et les maisons,
comme les moyens de vivre. François mêla ses larmes avec les leurs ; il les consola, leur donna tout
l'argent qu'il avait apporté, et leur promit d'écrire
en leur faveur au duc même : il le fit, et sa demande
fut couronnée d'un plein succès.

Mais si François fut touché du malheur de ces
pauvres gens, ils ne le furent pas moins de son extrême charité : ils n'avaient jamais vu leurs évêques,
et peut-être même qu'aucun n'était jamais venu
dans ces tristes lieux. Ils étaient charmés de la douceur qui paraissait sur son visage, dans ses discours
et dans toutes ses actions, et ils ne pouvaient se
lasser d'admirer la patience et la joie avec lesquelles
il s'accommodait de leur nourriture, quoiqu'elle fût
fort grossière, et de leurs masures à demi ruinées,
où ils avaient eux-mêmes bien de la peine à se
mettre à l'abri. Le prélat, de son côté, eut la satisfaction de voir que la religion catholique s'était con-
servée parmi eux, à quelques superstitions près
qu'il eut soin de défendre.

Le maire et les échevins ne s'étaient point rebutés
du refus du duc de Savoie ; ils s'étaient adressés au
parlement, et lui avaient conjointement écrit des
lettres très-pressantes, pour le prier de consentir à ce que l'évêque de Genève prêchât le carême
prochain dans leur ville. Le duc ne crut pas devoir
persister dans son refus ; il accorda ce qu'on lui demandait, et aussitôt le maire et les échevins en
donnèrent avis au saint prélat. François leur répondit que le seul obstacle qui l'avait empêché de leur
accorder leur demande étant levé, il ne manquerait

pas de se rendre à Dijon pour le commencement du carême.

Le temps pour se disposer à cette grande action étant court, François fut obligé de sortir d'Annecy, où il était accablé d'affaires : il se retira au château de Sales pour vaquer plus à loisir à l'étude et à la prière. Il ne séparait jamais l'une de l'autre, et quoiqu'il ne négligeât pas la prière, il étudiait beaucoup plus aux pieds du crucifix que dans les livres. C'est là qu'il puisait ce zèle et cette éloquence si touchante qui lui gagnaient les cœurs en même temps qu'ils persuadaient les esprits. Il s'était fait une sainte habitude du recueillement et de la contemplation la plus sublime, et il s'était tellement rendu le maître de son imagination et de ses sens, qu'ils ne mettaient plus d'obstacles aux impressions que Dieu voulait faire sur son esprit et sur son cœur. Sa fidélité à correspondre aux mouvements de la grâce lui attirait toujours de nouvelles faveurs du ciel, et la pureté de son cœur le mettait en état d'avoir avec Dieu ces communications intimes, autrefois si fréquentes et aujourd'hui si rares.

Cependant le carême approchant, François, après avoir mis ordre aux affaires de son diocèse, partit pour Dijon. Il y fut reçu avec des honneurs extraordinaires tant de la part de la ville que de celle du parlement; il y prêcha avec un applaudissement qui attira dans la ville la noblesse et le peuple des environs. Les plus grandes églises suffisaient à peine pour contenir le monde qui accourait à ses sermons; et ce qu'il y eut de remarquable, c'est que les calvinistes, dont la ville était alors remplie,

s'y rendaient en foule comme les catholiques.
Cela lui donna lieu de traiter plusieurs matières de
controverse où il excellait, et il le fit avec tant de
force et d'éloquence, qu'un grand nombre de personnes se convertirent et rentrèrent dans l'Église
catholique.

Les ministres de la religion prétendue réformée
voyaient ces succès avec beaucoup de chagrin; mais
il n'y avait aucun moyen d'en arrêter le cours, qu'en
acceptant la conférence publique que François leur
avait souvent offerte. Plusieurs en furent tentés;
mais ayant fait réflexion qu'ils auraient affaire à
l'apôtre du Chablais, à cet homme si célèbre par
le grand nombre de conversions qu'il avait faites,
ils jugèrent qu'il était plus sûr de déclamer contre
lui dans leurs prêches. La chose en fût demeurée là,
si l'un d'eux, plus présomptueux, ne se fût pré-
senté pour disputer avec lui. François le prit au
mot, et la conférence fut remise après Pâques,
les occupations du saint prélat ne lui permettant
pas d'y assister plus tôt.

Le consistoire trouva fort mauvais que le ministre se fût engagé sans sa participation. On lui fit
entendre que, si l'on avait à choisir quelqu'un pour
défendre la cause commune, on ne s'adresserait
pas à lui, et on lui défendit de tenir la parole qu'il
avait donnée. Le temps dont on était convenu étant
arrivé, le ministre ne parut point, et François pria
le baron de Luz et plusieurs autres personnes de
distinction, qui avaient été témoins du défi du
ministre, d'en garder le souvenir.

Cependant, quelque fatigue qu'il eût à prêcher
tous les jours et à répondre à tous ceux qui le

venaient consulter, le zèle du pieux pontife n'en
fut pas satisfait; il allait les après-midi dans les
hôpitaux de la ville et des faubourgs visiter les malades, les consoler, les instruire; souvent même il
les confessait et leur administrait les sacrements.
Il n'y avait ni misère, ni besoin qui échappât à ses
soins, et l'on ne pouvait comprendre comment un
seul homme pouvait suffire à tant d'occupations
différentes.

Les fêtes de Pâques étant passées, et François
se disposant à retourner à Annecy, le corps de ville
le vint remercier, et lui fit présent d'un service de
table en argent, qu'il avait fait faire exprès pour lui
témoigner sa reconnaissance. François le regarda,
loua l'ouvrage; mais, quelque instance qu'on lui pût
faire, on ne put jamais l'obliger à l'accepter. Il dit,
pour s'en défendre, que Dieu lui ordonnait de donner gratuitement ce qu'il avait reçu de son infinie
miséricorde sans qu'il lui en eût rien coûté; qu'il
n'avait jamais rien pris pour ses sermons, et qu'il
ne commencerait pas à tirer quelque avantage
temporel de son ministère dans une telle circonstance; que cependant, puisqu'ils voulaient absolument qu'il reçût quelque récompense de ses
travaux, il leur en demandait une qui lui était beaucoup plus chère que tout l'argent qu'ils lui pourraient offrir; qu'elle consistait à se souvenir de
lui dans leurs prières et à lui conserver l'amitié
dont ils avaient bien voulu l'honorer. Le maire,
ne pouvant vaincre ses refus, le pria de lui marquer au moins ce qu'il voulait qu'on fît de la
vaisselle qu'on lui avait destinée. François répondit que ce serait l'accepter que d'en disposer, qu'il

7

laissait à leur charité à en faire l'emploi qu'on jugerait à propos. C'était leur dire en mots couverts de s'en servir à faire des aumônes. Son intention fut suivie, et le prix en fut donné aux pauvres.

L'année suivante il prêcha le carême à la Roche, petite ville de son diocèse. Ce grand homme, qui s'était fait admirer à la cour de France, à Paris et à Dijon, se faisait un plaisir de prêcher à des âmes simples, mais dociles; il disait, quand il ne voyait dans son auditoire que des paysans, des artisans ou des petits bourgeois, que tels étaient ceux devant qui Jésus-Christ lui-même avait prêché.

Pendant le séjour qu'il fit à la Roche, il donna un exemple de charité qui ne paraîtra que fort ordinaire à bien des gens, mais qui ne laissait pas d'être d'un grand mérite devant Dieu. Entre les pauvres qui venaient tous les jours recevoir l'aumône à sa porte, il se rencontra un sourd-muet de naissance, homme d'une vie fort innocente, et qui, n'étant pas maladroit, était quelquefois employé aux bas services de la maison. Comme on savait que le vénérable pontife aimait les pauvres, on le lui amenait quelquefois, pendant le repas, pour lui donner le plaisir de le voir s'expliquer par des signes et de faire entendre qu'il comprenait bien ceux qu'on lui faisait. François, touché de sa position, ordonna qu'on le mît au nombre de ses domestiques et qu'on en eût grand soin. On lui représenta sur cela qu'il n'avait pas besoin de cette surcharge, et que d'ailleurs ce pauvre homme lui serait fort inutile : « Comment inutile? répondit-il; compte-t-on pour rien de pratiquer la

charité ? Plus Dieu l'a affligé, plus on en doit
avoir pitié : si nous étions à sa place, serions-
nous bien aises qu'on fût si ménager à notre égard ? »
Il fut donc reçu au nombre des domestiques du
saint prélat, qui le garda jusqu'à sa mort.

Il fit encore plus pour lui ; car il entreprit de
l'instruire lui-même par signes des mystères de
la foi ; il y réussit après des soins incroyables.
Il lui apprit à se confesser par signes, et voulut
être son confesseur : il l'admit ensuite à la communion, dont il ne s'approchait jamais qu'avec
un respect et une dévotion qui édifiaient tout le
monde. Il ne survécut guère à son bienfaiteur, et
mourut de douleur d'avoir perdu un si bon maître.

Le carême étant fini, François retourna à Annecy,
pour le synode qu'il tenait exactement tous les ans.
Il reçut dans ce même temps (1605) des lettres
de Rome, par lesquelles on lui mandait la mort du
pape Clément VIII, l'élection du cardinal de Médicis, qui avait pris le nom de Léon XI, et la
résolution où était ce pape de le faire cardinal à la
première promotion. Il s'affligea de cette dernière
nouvelle en raison de l'éloignement qu'il avait pour
les grandeurs et les dignités : il pria Dieu d'en
détourner l'effet, et de ne pas permettre une élévation qui peut-être le rendrait moins humble et
moins agréable à ses yeux. Sa prière fut exaucée,
mais d'une manière bien différente de celle qu'il
eût souhaitée. Léon XI mourut vingt-sept jours
après son élection.

François était toujours occupé du dessein de
faire la visite générale de son diocèse. Il savait
qu'elle faisait une des principales obligations des

évêques, et il avait toujours devant les yeux cet
avis de l'Apôtre : « Veillez sur vous-même et sur
tout le troupeau sur lequel le Saint-Esprit vous a
établi. » Ayant donc ramassé tous les mémoires
qu'il avait fait dresser ou qu'il avait dressés lui-
même, il partit le 15 octobre pour commencer ce
grand ouvrage.

Le diocèse de Genève est d'une grande étendue
et fort peuplé, rempli de nombre de petites villes,
de bourgs et de villages ; une partie est couverte
de montagnes d'une hauteur prodigieuse et d'un
difficile accès. Ce qu'il y a de singulier, c'est que
la température y est si différente, qu'il y a des
lieux toujours couverts de neiges et de glaces,
tandis que les autres, au contraire, sont brûlés
des rayons du soleil, et qu'il y fait un chaud extrême.
Une partie de ce diocèse s'étend vers les Suisses,
la plupart luthériens ou calvinistes ; une autre du
côté de la Savoie, et une autre enfin était alors
au-delà du Rhône, dans les États du roi très-chrétien.

Ce fut cette dernière partie que le saint prélat
visita la première : il donnait au moins un jour
entier à la visite de chaque paroisse ; il disait la
messe, prêchait, donnait la confirmation, faisait
lui-même le catéchisme aux enfants afin d'apprendre aux curés, par son exemple, de quelle
importance est cette fonction, et il entendait tous
ceux qui voulaient se confesser à lui.

Tant d'occupations ne l'empêchaient pas de s'informer avec soin des déréglements des familles,
afin de chercher à rétablir la paix dans les mé-
nages, la bonne intelligence entre les pères et les
enfants, les serviteurs et les maîtres, et à récon-

cilier ceux dont les haines invétérées scandalisaient
le public. Son extrême douceur lui ouvrait tous
les cœurs. Rien n'échappait à sa charité ; les pauvres, les malades, les prisonniers, tout s'en ressentait. Il soulageait les uns par ses aumônes,
d'autres par ses soins, et d'autres enfin par son
crédit.

Il faisait toutes ses visites à pied ; la plus mauvaise chaumière était toujours celle qu'il choisissait
pour son logement ; et après tant de fatigues,
il était souvent réduit à coucher sur la paille. Ces
contre-temps ne le touchaient qu'autant que ceux
qui l'accompagnaient en étaient incommodés ;
c'était toute sa peine, car pour lui, quand on le
plaignait sur les mauvais gîtes qu'il rencontrait
souvent, ou sur les incommodités qu'il était obligé
de souffrir, il répondait avec une sainte joie, qu'il
n'avait point encore rencontré de logement si incommode que l'étable de Bethléem, ni de lit si
rude que celui de la croix.

Le carême approchant, il fut obligé d'interrompre sa visite pour se rendre à Chambéry. Il commença par y faire une retraite chez les Pères
Jésuites, qui avaient également son estime et sa
confiance. Il disait sur cela que, pour prêcher
avec fruit, il fallait, à l'exemple de saint Jean et
de Jésus-Christ même, entrer dans la solitude,
et, pour ainsi dire, dans le désert, avant de monter en chaire. C'est là qu'il puisait ce feu et ces
lumières qui produisaient la foi dans le cœur des
hérétiques et la haine du péché dans celui des
pécheurs. Il ne disait rien dont il ne fût persuadé
et qu'il ne pratiquât lui-même. « Les hommes,

disait-il, nous regardent en même temps qu'ils
nous écoutent : il faut prêcher à leurs yeux aussi
bien qu'à leurs oreilles ; l'un se fait par la parole,
et l'autre par l'exemple qui est encore plus puissant.
Qui me croira, ajoutait-il, quand je prêcherai la
pénitence, si je ne la pratique pas moi-même ? »

Il en usa à Chambéry comme il avait fait à
Dijon : même succès dans ses prédications, même
zèle dans sa conduite.

Pendant que le vénérable évêque donnait à Chambéry des exemples de la plus haute vertu, on y
reçut la nouvelle que le duc de Savoie et le duc de
Nemours s'étaient brouillés. Ce dernier prétendait
avoir le comté genevois en toute souveraineté,
et le duc, au contraire, voulait absolument qu'il
relevât toujours de lui. On tenta en vain, de part
et d'autre, tout ce qui pouvait terminer cette affaire
par un accommodement ; il en fallut venir à une
guerre ouverte. On ne doutait point qu'on ne com-
mençât par assiéger Annecy. Ce fut ce qui obligea
François de partir immédiatement après Pâques,
pour consoler ses diocésains, qui étaient étrangement alarmés des projets du duc de Nemours.
Sa présence redoubla leur consternation. Comme
il était tendrement aimé, on ne pouvait souffrir
qu'il s'enfermât dans une ville qui allait être as-
siégée, et qui, étant mal fortifiée et d'un secours
difficile et éloigné, ne pouvait manquer d'être
prise et peut-être emportée d'assaut.

Le duc de Nemours, que le passage du Rhône
avait arrêté plus longtemps qu'il ne convenait au
succès de ses desseins, arriva en effet devant Annecy. La ville fut investie dès le même jour, et

le lendemain on l'assiégea dans les formes. Il se répandit un bruit en même temps que le duc de Nemours, pour attirer plus de monde sous ses enseignes, était décidé à accorder la liberté de conscience dans tout le comté genevois, dont Annecy est la capitale, et dans tout le pays qu'il pourrait conquérir sur le duc de Savoie. A cette nouvelle, le saint prélat ne put retenir ses larmes, et, après avoir longtemps gémi devant Dieu, il parut avec un visage tranquille, et s'adressant à ceux qui étaient présents : « Puisque le duc de Nemours, leur dit-il, abandonne la cause de Dieu et la sacrifie à son ambition, Dieu l'abandonnera à son tour, et il ne réussira pas dans ses projets. » On regarda ces paroles comme une prédiction que la ville ne serait pas prise : en effet, on apprit quelque temps après que Victor-Amédée, prince de Piémont, marchait à grandes journées au secours d'Annecy, avec des troupes plus nombreuses que celles du duc de Nemours. Ce dernier ne crut pas devoir l'attendre ; il leva le siége, et quelques jours après le prince de Piémont entra dans Annecy. Il logea chez le saint évêque, l'embrassa plusieurs fois devant tout le monde, et témoigna publiquement qu'il était persuadé que son zèle et sa fermeté avaient empêché la prise de la ville.

Cependant le duc de Nemours, après avoir été contraint de lever le siége d'Annecy, fuyait devant les troupes du prince de Piémont : toutes les places, encouragées par ce succès, lui fermèrent leurs portes ; la désertion se mit dans ses troupes, et la prédiction du saint prélat, *qu'il ne réussirait pas dans ses desseins*, ne se trouva pour lui que

trop véritable. Ces contre-temps l'obligèrent à
proposer un accommodement : d'un autre côté,
les affaires du Piémont ne se pouvaient passer des
troupes que le prince en avait tirées. Ainsi ces deux
princes ayant un égal intérêt à la paix, elle fut
bientôt conclue. Celui de Piémont repassa les monts,
et François se vit en état de continuer la visite de
son diocèse.

Il revint de cette pénible visite si fatigué, les
pieds, les mains, les jambes si écorchés, que,
ne pouvant plus se soutenir, il fut obligé de prendre quelque repos. Il l'acheva enfin; et dès qu'il
fut de retour à Annecy, il envoya à Rome Jean-
François de Sales son frère, chanoine de son église
cathédrale, pour rendre compte au Pape de l'état
de son diocèse. Il avait besoin de bulles pour réparer ou rétablir bien des choses que la guerre et
l'hérésie avaient détruites; il les obtint, sans avoir
besoin d'autre solliciteur que la haute opinion que
l'on avait partout de son éminente sainteté.

Il continuait ses visites avec toute la joie que
la réunion de tant d'âmes à l'Église catholique était
capable de lui donner, lorsqu'il reçut des lettres
qui lui apprirent la mort de Jeanne de Sales, la
plus jeune de ses sœurs, mais celle qu'il aimait
avec le plus de tendresse. Madame de Chantal,
étant venue à Annecy, la lui avait demandée pour
la tenir quelque temps auprès d'elle, et François,
qui ne croyait pas lui pouvoir procurer une meilleure éducation que celle que cette sainte veuve
était capable de lui donner, la lui avait confiée.
Elle ne fut pas plutôt arrivée à Montelon, où
madame de Chantal faisait alors sa demeure, qu'elle

tomba malade. L'amitié que madame de Chantal
avait pour elle ne lui permit pas de rien négliger
pour la soulager et pour la servir ; mais les soins
et les remèdes furent inutiles ; elle mourut à l'âge
de quatorze à quinze ans. Madame de Chantal en
fut pénétrée de douleur, et le témoigna au saint
prélat en lui annonçant cette triste nouvelle.

François, quoiqu'il fût lui-même sensible à cette
perte (car il n'est pas de la vertu d'être insensible et sans affection pour ceux avec qui Dieu nous
a unis par les liens du sang), trouva de l'excès
dans l'affliction de madame de Chantal ; il l'en reprit
et la consola en même temps, mais en des termes
qui font trop connaître son caractère pour ne les
pas rapporter. « Je vous vois, lui écrit-il, avec un
cœur vigoureux qui aime et qui veut ardemment,
et je lui en sais bon gré ; car ces cœurs à demi
morts, à quoi sont-ils bons ? Il faut pourtant, ma
chère fille, le retenir un peu, et faire pour cela
tous les matins une ferme résolution d'aimer la
volonté de Dieu aux occasions les plus insuppor-
tables. »

La véritable piété ne demande point une âme
dure et sans compassion. Jésus-Christ, le grand
modèle des saints, ne crut pas devoir refuser des
larmes à la mort du Lazare qu'il aimait ; il fut touché de l'affliction de ses sœurs. Il est donc permis
d'être sensible ; mais on le doit être d'une manière
modérée, qui n'ait rien d'outré ni d'emporté, et
qui soit toujours soumise à la volonté de Dieu.
Une douleur obstinée, qui n'écoute rien, qui ne
regarde jamais d'où partent les coups qui nous
affligent, ne peut être que très-blâmable ; il est

rare qu'elle soit sans murmure contre la manière toujours sage, toujours pleine de bonté, dont Dieu dispose des choses, et c'est ce qu'il faut éviter avec soin.

Le pieux évêque, après avoir donné le temps qu'il jugea nécessaire à la consolation de sa mère et de sa famille, recommença ses visites, et les interrompit encore pour aller prêcher l'avent à Annecy. L'année suivante, il prêcha le carême à Rumilly, petite ville de Savoie, où il était attendu depuis longtemps. Il y reçut des lettres du duc, qui l'obligèrent d'aller à Tonon, pour des affaires pressantes, dès que le carême fut fini. On raconte une chose qui lui arriva en chemin, qui est une preuve bien sensible de sa mortification. Il fut obligé de loger chez un de ses amis; on se mit à table; mais celui qui avait mis le couvert s'était mépris, et avait mis de la farine dans la salière, au lieu de sel. Ceux qui tenaient compagnie au saint prélat s'en aperçurent bientôt; mais, accoutumé à ne faire aucune attention à ce qu'il mangeait, il continua à se servir de la farine au lieu de sel, et ne s'en fût peut-être pas aperçu, si le maître de la maison, en ordonnant qu'on changeât de salière, ne lui en eût fait des excuses. François, qui cachait ses vertus avec autant de soin que les autres en ont pour cacher leurs défauts, fut un peu mortifié de ce qu'on s'était aperçu du peu d'attention qu'il faisait à ce qu'on servait devant lui; il changea aussitôt de discours, et le respect qu'on avait pour lui fit que chacun supprima ce qu'il pensait d'une vie qui paraissait n'avoir rien d'extraordinaire, mais qui était effectivement très-mortifiée.

LIVRE SIXIÈME.

François continua la visite de quelques paroisses qui avaient encore besoin de ses soins et de sa présence ; il revint à Annecy pour mettre la dernière main au livre de l'*Introduction à la Vie dévote ;* ouvrage si utile et si estimé, qu'il serait surabondant d'en faire ici l'éloge.

Cependant, comme il n'est pas permis à tout le monde de bien juger des meilleures choses, et qu'il

y a même de certains esprits qui font gloire de
raisonner tout autrement que le reste des hommes,
il se trouva un religieux d'un ordre des plus austères de l'Église, qui entreprit de décrier cet excellent livre : il fit même quelque chose de plus ; car
il monta en chaire, et, après avoir déclamé contre
cet ouvrage pour en inspirer de l'horreur, il le tira
de sa manche, et s'étant fait apporter une bougie,
il le brûla publiquement. Cette action perdit le prédicateur de réputation et ne nuisit point au livre ;
on ne l'en estima pas moins, et il n'en fut pas moins
dans les mains de tout le monde.

François, ayant appris l'étrange manière dont ce
religieux avait traité son livre, en usa avec une douceur et une modération qui n'ont peut-être point
d'exemple. On sait la délicatesse presque infinie
des auteurs pour leurs ouvrages ; la tendresse des
pères pour leurs enfants n'en approche peut-être
pas ; c'est l'endroit sensible, on n'y touche guère
impunément. François n'eut point cette sensibilité
dont presque personne n'est exempt, mais qui ne
vient pourtant que d'un excessif fonds d'amour-
propre et d'une vanité aveugle qu'on peut combattre
et qu'on ne surmonte presque jamais. Ne pouvant
excuser l'action téméraire de ce religieux, il en
excusa l'intention ; il dit avec la même modération
que s'il se fût agi de l'ouvrage d'autrui, qu'il eût
souhaité qu'il l'eût averti directement de ce qu'il
trouvait à redire dans son livre ; que, comme il
n'avait rien avancé dont il n'eût de bons garants,
il se fût peut-être rendu à ses raisons, ou que lui-
même eût cédé aux siennes.

La réputation que l'*Introduction à la Vie dévote*

avait acquise à François, ayant pénétré dans Genève
malgré les soins des ministres, attira à Annecy
plusieurs personnes de diverses conditions, qui y
vinrent pour se faire instruire. La charité du saint
prélat ne se borna pas aux besoins de l'âme; elle
s'étendit jusqu'à ceux du corps, et il faillit épuiser
toutes ses ressources en leur faveur. Parmi ces personnes qu'il avait gagnées à Jésus-Christ, il se
trouva un jeune homme qui avait l'esprit excellent,
et avait commencé à étudier avec succès; il l'envoya
au collége des révérends Pères Jésuites de Chambéry, paya sa pension, et l'entretint de toutes
choses pendant trois ans, au bout desquels il lui
procura un établissement; il en mit un autre en
métier, et paya son apprentissage et sa maîtrise;
il donna à deux autres de quoi faire le voyage de
Rome, et les recommanda à ses amis : il en usait
ainsi toutes les fois que les nouveaux catholiques
avaient besoin de son secours.

Les anciens catholiques n'avaient pas moins de
part à ses charités. On raconte à cette occasion
une action trop édifiante pour ne la pas rapporter.
Étant un jour dans son appartement et occupé des
affaires de son diocèse, un homme fort mal vêtu l'y
vint trouver pour lui parler de quelque affaire : le
froid était extrême; et ce pauvre homme en était
si pénétré, qu'il tremblait en parlant. François lui
demanda s'il n'avait point de meilleur habit : cet
indigent lui dit que c'était tout ce qu'il avait de
meilleur : François en fut touché, et, quoiqu'il ne
lui demandât pas l'aumône, il lui dit de l'attendre, entra dans sa garde-robe pour y chercher les
habits que le froid l'avait contraint de quitter la

veille pour en prendre de plus chauds, dans le
dessein de les lui donner : ne les ayant point
trouvés, et se voyant sans argent, ce qui lui arrivait souvent, il quitta les vêtements qu'il portait
sous sa soutane ; en fit un paquet qu'il donna à
ce malheureux, lui recommandant de les bien
cacher et de n'en rien dire à personne ; pour lui,
il demeura tout le reste du jour en simple soutane,
exposé à un froid des plus rigoureux ; et il l'eût
souffert bien plus longtemps, si un domestique
ne s'en fût aperçu et ne lui eût apporté d'autres
habits.

L'économe de sa maison avait bien de la peine à
fournir à sa subsistance et à ses charités, et le que-
rellait souvent, car son zèle allait jusque-là, et le
menaçait même de le quitter ; mais rien ne pouvait
résister à la bonté du saint prélat ; il lui répondait
avec sa douceur ordinaire : « Vous avez raison, je
suis un incorrigible, et, qui pis est, j'ai bien l'air
de l'être longtemps. » Quelquefois il lui montrait
son crucifix, et lui disait : « Peut-on refuser quelque chose à Dieu, qui s'est mis en cet état pour
l'amour de nous ? » L'économe, qui était un homme
de bien, le quittait tout confus, et, quand il rencontrait les autres domestiques, il leur disait :
« Notre maître est un saint, mais il nous mènera
tous à l'hôpital, et il y ira lui-même le premier,
s'il continue comme il a commencé. » A la
vérité, il est surprenant comment, avec un aussi
modique revenu que le sien, il pouvait fournir à
tant de charités ; il le devait presque uniquement à
la vie frugale qu'il menait : c'est ce qui fait voir
que, quand on ne fait point de dépenses inutiles,

on peut faire, avec un revenu médiocre, ce qu'on ne ferait pas avec un plus considérable mal ménagé.

François reçut des lettres de Jean-Pierre Camus, nommé à l'évêché de Belley, par lesquelles il le priait de se rendre à Belley pour faire la cérémonie de son sacre. L'élévation de cet ecclésiastique était due à son seul mérite; il avait du savoir et de la piété, de grands talents pour écrire, et de plus grands encore pour la prédication, c'est-à-dire qu'il avait toutes les qualités capables de former l'étroite liaison qui fut depuis entre lui et le saint évêque : il acquit dans le commerce qu'il eut avec lui ces lumières, ce zèle, ce désintéressement, cette piété éminente, qui le rendirent depuis un des plus grands prélats de l'Église de France. Il ne fait point de difficulté de reconnaître lui-même, qu'après Dieu il était redevable à François de ses meilleures qualités, et ne parle presque jamais de lui, qu'il ne l'appelle le saint évêque, son père, son maître, son guide et son directeur. Tant qu'il vécut, il ne fit rien de considérable sans le consulter ; et il se remplit si bien de ses maximes et de son esprit, qu'après sa mort il donna au public le bel ouvrage qui a pour titre : *L'Esprit du bienheureux François de Sales ;* il y a ramassé jusqu'à ses moindres pensées, jusqu'à ses actions qui semblent les plus communes; parce que, dit-il, ce saint homme ne disait et ne faisait rien que de grand, et que la pureté des motifs qui le faisaient agir donnait du prix aux moindres choses.

Lorsque l'évêque de Belley engagea François à

faire la cérémonie de son sacre, il n'avait pas encore
cette grande réputation qu'il eut depuis, mais il en
avait déjà assez pour obliger le saint prélat de se
faire un plaisir et un honneur de sacrer un évêque
de son mérite : il lui répondit en ce sens, et se rendit à Belley le jour marqué pour cette auguste cérémonie, qui se fit avec beaucoup plus de piété que
de pompe.

A peine François était de retour à Annecy, que
l'évêque de Belley y arriva pour le remercier, et
pour se lier avec lui de cette sainte amitié qui dura
autant que leur vie, ou plutôt qui les unit encore
aujourd'hui dans le ciel.

Le voisinage des diocèses de ces deux grands
évêques leur fournissait l'occasion de se voir et de
s'entretenir souvent ; mais leur amitié n'en demeurait pas là, tout était commun entre eux : les intérêts de l'un étaient ceux de l'autre, et l'évêque de
Belley le fit bien paraître lorsque, environ dans le
même temps, assistant aux états de France, il parla
avec autant de zèle pour le diocèse de Genève,
qu'il eût pu faire pour le sien ; car, quoique le lieu
de la résidence de l'évêque de Genève et la plus
grande partie de son diocèse fussent en Savoie,
une partie considérable ne laissait pas d'être en
France.

L'évêque de Belley était à peine retourné dans
son diocèse, que François reçut un ordre du roi de
se rendre à Gex, où le baron de Luz l'attendait
pour des affaires importantes pour la religion catholique. Il n'y avait que deux chemins pour entrer
dans le bailliage de Gex; il fallait (on était en 1609)
passer sur le pont de Genève ou traverser le Rhône:

l'inconvénient était égal des deux côtés. Le Rhône était si excessivement débordé et si rapide, que c'était s'exposer à périr que d'entreprendre de le passer : il n'y avait pas moins de danger à traverser Genève dans toute sa longueur : le saint prélat y était connu, et son zèle pour la religion catholique lui avait attiré la haine des ministres et du peuple. Un rendez-vous avec le baron de Luz ne pouvait être que très-suspect : le moindre mal qui lui pouvait arriver était d'être arrêté ; l'on pouvait même pousser la violence jusqu'à l'assassiner.

Tous ces dangers étaient si aisés à prévoir, que les moins éclairés les eussent aperçus : aussi il n'eut pas plutôt fait connaître qu'il se décidait à passer par Genève, que toutes les personnes de sa suite s'y opposèrent, et lui conseillèrent de s'en retourner, et d'attendre, pour faire ce voyage, que le passage du Rhône fût praticable. Le zèle de François ne put s'accommoder de ces conseils timides ; la foi en danger, la religion abandonnée, l'occasion de la secourir perdue peut-être pour toujours, lui paraissaient quelque chose de si indigne d'un évêque qui est obligé d'exposer sa vie pour le salut des âmes qui lui ont été confiées, qu'il résolut de passer outre ; mais avant de le faire il eut recours à la prière, et il consulta Dieu, pour la gloire duquel il allait s'exposer à des dangers certains ; il le pria de le fortifier, d'être son guide, et d'inspirer à ceux qui l'accompagnaient et du secours desquels il ne pouvait se passer, le même zèle et la même ardeur dont il avait rempli son propre cœur.

On ne remarque d'ordinaire que les miracles qui

se font sur le corps : ceux qui se font sur les esprits
ne méritent pas moins cependant notre attention ;
car ils ne sont pas des coups moins sensibles de la
toute-puissance de Dieu. François l'éprouva dans
cette occasion : à peine eut-il achevé sa prière,
qu'il trouva ses gens tout changés : ce n'étaient plus
ces hommes timides à qui la crainte grossissait les
objets ; ils s'offrirent de le suivre partout, et le
vénérable évêque, profitant de leur bonne volonté,
prit le chemin de Genève.

Il arriva à la porte comme on allait la fermer et
lever le pont, parce que c'était l'heure du prêche ;
l'officier qui commandait au corps de garde lui
demanda son nom pour l'écrire sur son registre :
François, qui marchait à la tête des siens, répondit, avec sa tranquillité ordinaire, qu'il était l'évêque du diocèse : l'officier ne fit point réflexion à
ce qu'il lui disait, et le laissa passer avec toute sa
suite : il traversa de la sorte toute la ville de Genève;
mais étant arrivé à l'autre extrémité, où était la
porte de Gex, il la trouva fermée selon la coutume,
parce que le prêche était commencé; sur cela il
entra dans une hôtellerie, en attendant qu'on eût
ouvert la porte. La confiance qu'il avait en Dieu le
soutint ; il ne se troubla point, et parut toujours
tranquille : il n'en était pas de même de ceux qui
l'accompagnaient; ils n'eurent pas plutôt fait réflexion qu'ils étaient renfermés dans Genève, et
qu'il suffisait qu'une seule personne les reconnût
pour qu'on les arrêtât, que leur fermeté les abandonna : à la vérité, le danger était assez grand pour
excuser la crainte. Deux heures se passèrent de la
sorte, et enfin la porte fut ouverte. François, étant

remonté à cheval, sortit de Genève sans aucun obstacle, et arriva à Gex avant que les siens fussent bien revenus de leur peur. Le baron de Luz ne put apprendre le danger auquel il s'était exposé sans en être effrayé; il admira son zèle, mais il ne laissa pas que de le blâmer et de lui faire remarquer combien il était heureux d'avoir échappé au péril qu'il avait couru. « Vous ne m'apprenez rien de nouveau, répondit le saint prélat; j'avais tout prévu, et j'étais avec des gens plus sages que moi, à qui rien n'échappait; mais un peu de confiance en Dieu ferait faire de plus grandes choses. »

D'un autre côté, on ne fut pas peu surpris à Genève, quand on reconnut, par le registre et par la déposition de son hôte, que François y avait été enfermé pendant deux heures. *L'évêque du diocèse* ne fut pas une énigme pour tout le monde comme pour l'officier qui commandait à la porte; on admira la hardiesse du prélat, et, afin qu'on s'en souvînt, on écrivit sur le registre : *Qu'il y revienne;* mais ce n'était pas un coup à tenter deux fois.

Dieu bénit son zèle par le succès qu'il obtint dans le bailliage de Gex : il y proposa une conférence publique aux ministres de Genève; il en eut une avec ceux du pays, dans laquelle il les convainquit; il fit un grand nombre de conversions, et fit rendre aux catholiques huit églises paroissiales dont les huguenots s'étaient emparés. Après ce succès, le Rhône étant devenu praticable, il le traversa, et revint à Annecy.

Le saint prélat fit dans le même temps (1610) la perte la plus sensible qu'il pouvait faire, par la mort de la comtesse de Sales, sa mère. On a vu avec quels soins, quelle tendresse et quelle piété elle l'avait élevé. Il était le premier fruit dont Dieu avait béni son mariage, et il tenait aussi la première place dans son cœur : François répondait à ces sentiments par un amour vif, tendre, respectueux; et l'on peut dire qu'après Dieu elle était la personne du monde qu'il aimait le plus.

Une bonne mort a toujours été le fruit d'une sainte vie, et Dieu n'abandonne jamais dans les derniers moments ceux qui lui ont été fidèles. Cette vertueuse dame eut un pressentiment de sa mort prochaine ; et, pour s'y préparer, elle se rendit à Annecy, afin d'y faire une retraite sous la conduite de son cher fils : à peine fut-elle de retour à Thorens, qu'elle fut frappée d'une apoplexie dont elle ne revint point. François, en ayant reçu la nouvelle, se rendit en diligence auprès d'elle : tous ses soins furent inutiles; elle était un fruit mûr pour le ciel, et Dieu avait marqué ce temps pour l'appeler à lui, et lui donner la couronne de justice qu'il a promise à ceux qui lui seront fidèles, et qui, le préférant à toutes choses, n'auront vécu que pour lui.

François rendit les derniers devoirs à sa mère avec une fermeté qui fut admirée de tout le monde : il l'aimait avec toute la tendresse dont il était capable ; mais sa soumission aux ordres de Dieu l'emportait en lui sur tous les sentiments de la nature. « Elle était, dit-il, à Dieu plus qu'à moi, il a repris ce qui lui appartenait, et je ne puis que le remercier de m'avoir fait naître d'une mère si vertueuse, et de me l'avoir laissée si longtemps. »

Il apprit dans ce même temps la mort de Henri IV, arrivée à Paris le quatorzième jour de mai 1610, de la manière déplorable que tout le monde sait. Il honorait François de son estime et même de son amitié ; il n'avait pas tenu à lui qu'il ne le comblât de bienfaits, et l'on peut dire qu'à quelque prix qu'il se fût mis, ce roi l'eût acquis à la France, si Dieu ne l'eût pas attaché à la Savoie, ou si François, moins fidèle à ses devoirs, eût pu être tenté. Il pleura ce grand prince autant qu'il méritait de l'être ; il le loua de vive voix et par écrit.

L'année qui ravit à la France un si grand prince donna à l'Église l'ordre saint et célèbre de la Visitation de sainte Marie (1610), digne fruit de la sagesse, de la piété et de la charité de son vénérable instituteur. Mais, pour ne pas interrompre le récit de la vie de ce grand évêque, on remet au livre suivant tout ce qui regarde la naissance et les progrès de cet institut.

Dans ce même temps à peu près, Antoine Faure, ami intime du pieux évêque, qui demeurait à Annecy en qualité de président du conseil du Genevois, fut nommé, par le duc de Savoie, premier président du sénat de Chambéry ; ainsi, n'ayant plus besoin d'une grande et belle maison qu'il avait dans la ville, il en fit don au saint prélat, qui avait demeuré jusque alors, aussi bien que ses prédécesseurs, dans une maison prise à bail. Quoiqu'il y eût dans la maison du président des galeries, des salles et des appartements très-commodes, il ne retint pour lui qu'un seul cabinet, mais si bas d'étage et si petit, qu'il avait plutôt l'air d'un tombeau que d'une chambre ; c'était aussi pour cette raison qu'il l'avait choisi ; les murailles en étaient toutes nues, sans tableaux et sans tapisseries, aussi bien l'hiver que l'été : un petit lit, une chaise et une table sur laquelle était placé un crucifix, en faisaient tout l'ameublement. Là, retiré du monde, encore plus d'esprit que de corps, il pensait souvent à cette dernière heure qui doit égaler tous les hommes ; il se regardait comme un coupable condamné à la mort, dont la sentence est prononcée, et qui n'attend plus que le moment de l'exécution.

Quelque temps après il partit pour Turin et pour Milan. Plusieurs raisons concouraient à lui faire entreprendre ce voyage : d'abord il avait plusieurs choses à négocier à la cour en faveur du nouvel ordre de la Visitation. Une autre raison grave contribua encore à lui faire entreprendre ce voyage (il s'agissait de s'absenter de son diocèse, et il ne le faisait jamais sans des motifs très-pressants) : il voyait avec peine, depuis longtemps, la mauvaise administration du collége d'Annecy; peu de capacité dans les régents, encore moins de vertus et de bons exemples, faisaient que la jeunesse y étant mal élevée, on était obligé de l'envoyer étudier ailleurs : cela ne pouvait se faire sans de grands frais et beaucoup d'incommodités du côté des parents même les plus accommodés des dons de la fortune; car pour les autres, ils étaient obligés de se contenter de ce qu'ils trouvaient à Annecy.

François, qui était persuadé que les bonnes mœurs dépendent ordinairement de la bonne éducation de la jeunesse, n'avait rien négligé pour y mettre ordre : il avait, dans cette vue, offert le collége d'Annecy aux Pères Jésuites; mais le grand nombre d'établissements qu'ils étaient obligés de faire en ce temps-là, ne leur ayant pas permis de l'accepter, il avait résolu de s'adresser aux Barnabites, et d'aller pour cela jusqu'à Milan, pour en traiter avec les supérieurs. Une raison de dévotion se joignit encore à ce motif : il avait une profonde vénération pour saint Charles, archevêque de Milan, mort depuis quelques années dans la plus haute opinion de sainteté. Le cardinal Frédéric Borromée, son cousin et son successeur, marchait sur ses pas, et passait pour un des plus grands prélats de toute l'Italie; il voulut le consulter sur le dessein qu'il avait de prendre son frère pour son coadjuteur, car, quelque mérite qu'il eût, il craignait de donner en cela quelque chose au sang et aux considérations humaines : il savait que l'esprit est le plus souvent la dupe du cœur; qu'il lui impose, qu'il l'entraîne, et qu'on le retrouve souvent dans les choses même où l'on avait cru d'abord que l'amour-propre avait le moins de part. Se choisir un successeur était pour lui la plus importante de toutes les affaires ; et les suites d'un mauvais choix devant être très-fâcheuses sous bien des rapports, il voulait la recommander aux prières du grand saint Charles, et faire dans cette intention ses dévotions à son tombeau.

Une raison de charité ajoutait encore à toutes ces motifs. Le secrétaire du duc de Nemours avait été depuis peu assassiné dans des bois assez proches d'Annecy; on en avait accusé plusieurs gentilshommes très-innocents de cet assassinat : on les poursuivit à toute outrance; et cette affaire, quand ils s'en fussent tirés, n'allait à rien moins qu'à les ruiner. Un cœur moins sensible que le sien à la compassion eût été touché de l'affliction de tant de familles; comme il était convaincu de l'innocence des accusés,

il en réunit les preuves, résolu de les porter lui-même
et de les faire valoir au duc de Savoie. Ce motif, qui
de lui-même eût été suffisant, étant joint à tant
d'autres, il ne fit plus de difficulté de s'absenter
de son diocèse : ainsi, les fêtes de Pâques étant
passées, il partit pour Turin. Le duc le reçut à son
ordinaire, c'est-à-dire avec toute la distinction que
méritaient son caractère et sa vertu. François lui
parla en faveur des prétendus coupables de l'assassinat du secrétaire du duc de Nemours; mais les
préventions contre eux étaient si fortes, qu'il ne
fallut pas moins que les preuves qu'il avait appor-
tées pour les justifier, encore eurent-elles besoin
d'être soutenues de tout son zèle. Il se rendit leur
solliciteur et leur avocat; il parla et agit pour
eux, et obtint enfin leur élargissement et des défenses de les poursuivre à l'avenir. Il parla ensuite
de l'établissement des Barnabites à Annecy, au duc,
qui l'approuva, lui promit toutes les patentes dont
ils auraient besoin pour leur établissement, et agréa
qu'il allât à Milan pour y traiter de cette affaire.

Pour ce qui est du nouvel ordre de la Visitation,
il fut si généralement et si pleinement approuvé,
que le saint fondateur n'eut pas de peine à obtenir
tout ce qu'il demanda en sa faveur : le duc et les
duchesses l'assurèrent de leur protection, et elle
lui servit depuis à surmonter bien des difficultés.

Il partit pour Milan dès qu'il eut terminé les
affaires qu'il avait à la cour. Il fut reçu avec de
grands honneurs du gouverneur du Milanais et du
cardinal Borromée, archevêque de Milan. Le lendemain de son arrivée, il célébra la messe sur le
tombeau de saint Charles, et y passa plusieurs

heures en prière ; il alla ensuite visiter l'archevêque, et eut avec lui une longue conférence sur plusieurs affaires de son diocèse ; ensuite François traita avec les supérieurs des Barnabites de leur établissement à Annecy, le conclut et l'exécuta à son retour.

La fête du Saint-Suaire qui approchait le rappelant à Turin, il partit de Milan avec les mêmes honneurs qu'on lui avait rendus à son arrivée. Le duc l'avait nommé pour être un des prélats qui devaient exposer le saint Suaire à la vénération du peuple ; il en fit la cérémonie avec toute la dévotion que des marques si sensibles de l'amour d'un Dieu étaient capables d'exciter dans son cœur.

Le duc avait formé le dessein de se servir de François pour négocier le mariage du prince de Piémont avec Christine de France, fille de Henri IV. Il fallait pour cela que le saint prélat s'absentât longtemps de son diocèse, et le duc prévoyait qu'il n'y consentirait pas, à moins d'avoir un aide sur lequel il pût en pleine confiance se reposer de ses fonctions. La demande d'un coadjuteur venait tout à propos pour lever cette difficulté, et ce fut un des principaux motifs qui engagèrent le duc à y donner son consentement. François ne se mêla point de cette affaire. Madame de Savoie, voulant que son premier aumônier fût évêque, sollicita seule la coadjutorerie de Genève, et l'obtint.

François, ayant terminé les affaires qu'il avait à Turin, retourna à Annecy, où, peu de temps après, il établit les Barnabites.

Il écrivit dans le même temps son *Théotime*, ou le *Traité de l'Amour de Dieu*, ouvrage qui ne pouvait

8

sortir que d'un esprit aussi éclairé, et d'un cœur aussi rempli de charité que le sien.

Pendant que le saint prélat s'occupait de la sorte à porter les âmes à la plus haute perfection et qu'il leur apprenait ce qu'il avait appris de Dieu même, les Turcs, ces redoutables ennemis du nom chrétien, faisaient en Hongrie des progrès dont toute l'Allemagne fut alarmée; et l'Empereur, trop faible pour leur résister, avait convoqué une diète à Ratisbonne pour le 1er février de l'année suivante (1615), afin de demander des secours aux princes de l'Empire. Comme la révolte de Genève contre son évêque n'empêchait pas l'Empereur de reconnaître ce prélat pour prince de l'Empire et souverain légitime de cette ville rebelle, il écrivit à François, et l'invita de se rendre à la diète par des lettres de Lintz, du 18 mars 1614.

Suivant l'ancien usage, le courrier de l'Empereur se rendit à Genève; et ayant mis pied à terre devant le palais épiscopal, il demanda à parler à l'évêque de la part de Sa Majesté Impériale. On lui répondit, selon la coutume, qu'il n'y était pas, et qu'il faisait sa résidence à Annecy; le courrier prit acte de cette réponse, et, remontant à cheval, vint à Annecy rendre les lettres de l'Empereur.

François répondit à l'Empereur qu'il avait un véritable chagrin de ne pouvoir obéir aux ordres de Sa Majesté Impériale, ni l'aider de ses biens et de ses conseils dans une occasion où il ne s'agissait de rien moins que de la cause de Dieu et de la gloire du nom chrétien; que les Genevois, en se révoltant, s'étaient injustement emparés de la plus grande partie du bien de son Église, lui avaient à peine laissé de

quoi subsister, et l'avaient mis tout à fait hors d'état
de rendre à Sa Majesté et à l'Empire l'obéissance et
le secours que tous ses membres devaient à son auguste chef; qu'à ce défaut il ne cesserait de prier
le Très-Haut, le Tout-Puissant, le Dieu des armées
de bénir ses armes et ses desseins, de marcher devant lui, d'être son guide, et de lui donner la victoire sur les ennemis de son nom : c'est tout ce que
le saint prélat pouvait faire dans l'état où il se trouvait, et l'Empereur et l'Empire n'en attendaient pas
davantage.

Le duc de Lesdiguières, gouverneur du Dauphiné,
depuis connétable de France, jusque-là zélé calviniste, ayant donné quelque espérance de son retour
à l'Église catholique, le parlement de Grenoble
jeta les yeux sur François, comme sur l'homme
du monde le plus capable de contribuer à l'exécution d'un dessein de cette importance. Lesdiguières était un homme d'un sens droit, d'un esprit
solide, qui ne manquait pas de savoir, et qui passait
pour calviniste de bonne foi. Sa valeur et ses actions
lui avaient acquis la réputation d'un des plus grands
et des plus heureux capitaines de l'Europe, et les
calvinistes de France le regardaient comme un de
leurs plus fermes appuis. Les grands avantages que
Henri le Grand avait été comme forcé de leur
accorder par l'édit de Nantes, les avaient mis à peu
près sur le pied d'une république indépendante :
elle subsistait au milieu du royaume à la faveur de
cet édit; et comme ses intérêts ne s'accordaient
pas toujours avec ceux de l'État, elle avait soin
de ménager les braves de son parti, et les y tenait
attachés par des pensions considérables qui leur

donnaient le moyen de vivre avec éclat et de se faire considérer. Lesdiguières en était un : ainsi, comme il avait de grands ménagements à garder, l'ouvrage de sa conversion demandait un profond secret, et devait être conduit avec beaucoup de précaution : il fallait donc à l'évêque de Genèves pour venir à Grenoble, un prétexte qui couvrît le véritable motif de son voyage, et qui l'y arrêtât assez longtemps pour exécuter ce grand dessein.

Dans cette vue, le parlement lui écrivit (l'an 1617) pour le prier de lui faire la même grâce qu'il avait accordée à celui de Dijon, et de venir prêcher le carême prochain dans la capitale du Dauphiné, et, le carême approchant, lui envoya deux conseillers pour le prendre et le conduire jusqu'à Grenoble.

On ne peut rien ajouter aux honneurs qu'on fit au saint prélat dans cette ville, et aux marques d'estime qu'on lui donna ; mais on ne peut rien ajouter aussi au zèle qu'il fit paraître dans ses prédications, et aux grands et nombreux exemples de vertu dont il les soutint. Les catholiques et les calvinistes, attirés par sa réputation, mais beaucoup plus par cette sainteté éclatante qui frappait les yeux de tout le monde, quelque soin qu'il eût de la cacher, accouraient en foule à ses sermons, et n'en sortaient jamais sans ressentir les impressions que la grâce de Dieu avait comme attachées à ses discours. Les conversions furent en si grand nombre, que les ministres en furent étonnés, et firent de sévères défenses d'assister à ses sermons ; mais elles n'empêchèrent pas un des plus habiles d'entre eux de renoncer publiquement à ses erreurs.

Cette conversion fit un si grand bruit, et anima

si fort contre François les plus zélés du parti, que le premier président crut qu'il ne pouvait se dispenser de le faire accompagner; mais l'ayant proposé au saint prélat, celui-ci répondit « qu'il s'était toujours bien trouvé de ne mettre sa confiance qu'en Dieu, et qu'il lui demandait par avance qu'il pardonnât à tous ceux qui lui feraient quelque outrage. »

Cependant la conversion du ministre faisait un bruit dont la vanité d'un de ses confrères fut choquée; soit qu'il se crût plus habile, ou qu'il ne fût en effet que plus téméraire, il proposa une dispute publique au saint prélat. François l'accepta, et le ministre, l'étant venu trouver, commença la conférence par un torrent d'injures, croyant que s'il pouvait le mettre en colère, il en viendrait plus aisément à bout; mais un homme qui se possède a un grand avantage sur un autre qui ne se possède pas : François écouta les injures sans s'émouvoir, et toutes les fois qu'on les recommençait, il se taisait et reprenait ensuite le discours où il l'avait laissé. Un calviniste, qui était présent, fut également touché et de l'insolence du ministre, et de la patience invincible que le saint évêque ne se lassait pas d'opposer à ses emportements, et il ne put s'empêcher de dire que la partie n'était pas égale, puisque François persuadait même en se taisant. Sa conversion fut un des fruits de la conférence, et l'avantage en demeura si visiblement du côté du vénérable pontife, que le ministre en mourut quelque temps après de confusion et de douleur.

Jusqu'ici Lesdiguières n'avait point assisté aux

prédications de François; il avait, comme on l'a
déjà dit, de grandes mesures à garder ; mais il
entendit parler d'une manière si avantageuse du
prédicateur et de ses discours, qu'il ne put plus
résister à la curiosité qu'il avait de l'entendre. Depuis il assista toujours avec assiduité à ses sermons,
et, se sentant ébranlé, il voulut avoir avec lui des
conférences particulières. On a déjà dit que ces
sortes d'entretiens étaient le triomphe du saint prélat, et l'on n'a guère vu qu'il n'y ait pas achevé
ce qu'il avait commencé en chaire. Comme il joignait à une haute capacité et à un grand usage une
présence d'esprit admirable, une modération à l'é-
preuve de tout, et une douceur insinuante que rien
n'était capable de vaincre, il avait des avantages
dont il n'était pas aisé de se défendre. Ce fut par
ces endroits qu'il s'insinua dans l'esprit de Lesdiguières, qui fut si satisfait du premier entretien
qu'il eut avec lui, qu'il lui en demanda plusieurs
autres ; ils furent d'abord secrets, mais enfin Lesdiguières, qui avait l'âme grande, crut qu'il y avait
de la bassesse à se contraindre et à user de dissi-
mulation. Les conférences devinrent publiques, et
il ne fit point de difficulté d'avouer qu'il en était
fort satisfait, et que les manières de l'évêque de
Genève le dégoûtaient extrêmement de celles des
ministres.

Il n'en fallut pas davantage pour mettre l'alarme
dans le parti; on s'assembla, on délibéra sur ce
qu'il y avait à faire, et l'on résolut que les ministres
en corps l'iraient trouver pour lui faire une remon-
trance. Lesdiguières les reçut à son ordinaire, c'est-
à-dire avec une civilité mêlée de fierté. La harangue

fut longue ; elle l'ennuya ; mais enfin il échappa au ministre qui portait la parole de parler avec mépris de l'évêque de Genève. Lesdiguières ne le put souffrir ; il interrompit le ministre, et lui dit de n'oublier jamais, au moins en sa présence, le respect qu'il devait à une personne de son mérite, de sa naissance, à un évêque et à un prince de l'Empire comme il était ; puis se tournant vers la compagnie, il lui dit que s'il avait autant de droits que l'évêque de Genève à la souveraineté de cette ville, il ne s'amuserait pas comme lui à résider à Annecy, et qu'il l'aurait bientôt réduite à la soumission qu'elle lui devait. Il laissa ensuite sortir les ministres sans les reconduire, et même sans faire semblant d'y prendre garde. Ils en furent extrêmement mortifiés, et l'on ne douta plus depuis que le duc n'eût le dessein de se faire catholique. Cependant le carême finit, et François revint à Annecy sans que Lesdiguières se fût déclaré sur ce qu'il avait dessein de faire.

On croyait que les choses en demeureraient là, et que le duc, retenu par des intérêts humains, n'irait pas plus loin, lorsqu'on apprit que, de concert avec François, il avait obtenu du duc de Savoie qu'il viendrait encore prêcher à Grenoble le carême suivant. Alors on ne douta plus que le saint prélat n'achevât enfin ce grand ouvrage. En effet, il ne fut pas plutôt de retour à Grenoble, que ses conférences avec Lesdiguières recommencèrent ; mais son cœur, engagé dans les liens de l'amour profane, ne pouvait se résoudre à suivre les lumières de son esprit. François, qui ne faisait rien à demi, combattait en même temps ses engagements et ses

erreurs; et comptant pour peu de chose sa conversion à la foi catholique, si sa vie et ses mœurs ne
répondaient pas à la pureté de sa croyance, il demandait incessamment à Dieu d'achever son ouvrage,
en touchant le cœur du grand capitaine comme il
avait déjà éclairé son esprit.

Les choses en étaient là, lorsque les ducs de
Savoie et de Mantoue, lassés de la guerre qu'ils se
faisaient depuis trois ans à l'occasion du Monferrat,
sur lequel ils avaient tous deux des prétentions,
et résolus enfin de s'accorder, Lesdiguières reçut
un ordre de la cour de se rendre à Turin, pour
assister, de la part du roi, aux conférences de la
paix. Ce contre-temps empêcha François d'achever
l'ouvrage auquel il attachait tant de prix.

Mais Lesdiguières étant à Turin, il arriva une
chose qui fit bien voir quelles étaient ses dispositions à l'égard de l'Église catholique. Le cardinal
Ludovisio, qui avait assisté aux conférences de la
part du Pape, étant près de retourner à Rome, vint
voir le duc de Lesdiguières après la conclusion de
la paix, pour prendre congé de lui. Comme ils se
séparaient, Lesdiguières lui dit « qu'il n'était pas
assez ennemi de l'Église romaine pour ne lui pas
souhaiter un Pape de son mérite. — Et moi, répondit le cardinal, je suis assez de vos amis pour souhaiter de vous voir bon catholique. » Lesdiguières
répondit « qu'il voudrait qu'il ne tînt qu'à cela qu'il
fût Pape, que la chose ne tarderait guère à se faire.
— N'allons pas si vite, repartit le cardinal; pro-
mettez-moi seulement de vous faire catholique, si
je deviens Pape. » Lesdiguières le lui promit. Ce
qu'ils se dirent alors par pure civilité arriva depuis

comme ils en étaient convenus. Dans le temps même que le cardinal fut élevé sur la chaire de saint Pierre et prit le nom de Grégoire XV, Lesdiguières, persuadé depuis longtemps par François, embrassa la religion catholique. Ceux qui ont dit qu'il n'eut en cela d'autre motif que d'obtenir l'épée de connétable qu'on lui donna, ne connaissaient pas ces circonstances, et n'ont pas même remarqué qu'il était connétable avant d'être catholique.

Le départ du duc de Lesdiguières pour Turin et la fin du carême donnèrent lieu à François de faire un voyage à la grande Chartreuse, qui est à quelques lieues de Grenoble. Il connaissait depuis longtemps dom Bruno Daffringues, général de l'ordre, qui joignait à de grandes lumières une piété éminente et une simplicité des premiers temps. François fut reçu des saints solitaires avec tout le respect dû à son mérite et à sa dignité; mais, ennemi des distinctions, ou plutôt n'en connaissant point d'autre que celle qui vient de l'innocence et de la vertu, il voulut vivre parmi eux comme un de leurs frères. Là, charmé de leur solitude et de cette simplicité chrétienne dont on fait une profession particulière dans cette sainte maison, il s'entretenait avec ces bons religieux de l'instabilité de la vie humaine qui s'écoule et passe comme un torrent, qui fait du bruit pendant quelque temps, et qu'on n'entend plus un moment après.

Ces pensées, dont François était pénétré, lui firent découvrir un secret qu'il avait jusque alors caché avec beaucoup de soin, et qu'il cacha toujours depuis (ces saints solitaires en ayant été pendant sa vie presque les seuls confidents) : c'est qu'en

se procurant un coadjuteur il avait eu en vue de
quitter tout à fait son évêché, et de se retirer dans
une solitude qu'il avait déjà choisie, pour ne s'occuper plus que de son salut; mais Dieu en avait
autrement ordonné : ce monde n'était pas pour lui
un lieu de repos; il ne devait le trouver que dans le
ciel.

Si François eût suivi son cœur, il n'eût jamais
quitté la grande Chartreuse : c'eût été le lieu de sa
retraite; mais le soin de son diocèse le rappelant,
il retourna à Annecy, laissant ces saints solitaires
charmés de sa piété et de sa douceur, comme il
l'était lui-même de leur vertu et de cette admirable simplicité dont on voit aujourd'hui si peu
d'exemples.

A peine François fut-il de retour à Annecy, qu'il
apprit que le Pape, à la sollicitation de la duchesse
de Savoie, avait accordé les bulles de la coadjutorerie de Genève à Jean-François de Sales, son
frère, avec le titre d'évêque de Chalcédoine; qu'il
avait été sacré à Turin, et qu'il était en chemin
pour se rendre auprès de lui. Quand il sut qu'il était
proche d'Annecy, il alla au-devant de lui, suivi
du clergé, des magistrats, du corps de ville et
d'une foule de peuple de la ville et des environs. Il
ne voulut point qu'il usât avec lui des ménagements
qu'il avait eus lui-même pour son prédécesseur.
Résolu de lui laisser prochainement toute l'autorité
épiscopale, il n'eut point de peine à la partager
avec lui. Il avait souhaité qu'il fût sacré, ce que
lui-même cependant n'avait jamais voulu souffrir
du vivant de son prédécesseur, quelque sollicitation
qu'il lui en eût faite lors de son premier voyage à

la cour de France. Son humilité ne parut jamais avec plus d'éclat que dans cette occasion : il le conduisit à l'église , voulut qu'il célébrât pontificalement la sainte messe , y assista et y communia; il voulut aussi qu'il donnât les ordres; en un mot, il lui céda tous les honneurs , et ne partagea avec lui que les peines et les fatigues de l'épiscopat.

L'humilité d'un côté, l'honnêteté de l'autre, la vertu dans tous les deux formaient un accord et une correspondance que rien ne fut capable de troubler : uniquement attentifs au bien de l'Église, toujours occupés de Dieu et de sa gloire, ils marchèrent constamment et de concert à la même fin.

Il y avait dans les prisons de l'évêché un prêtre qu'on y avait amené depuis peu. Une fièvre chaude lui avait fait perdre l'usage de la raison. La fièvre cessa, mais la raison ne revint point. Au contraire, cette aliénation d'esprit se changea en fureur quand il eut recouvré ses forces. Ses violences et les scandales continuels qu'il donnait, obligèrent enfin à l'arrêter. Le saint prélat, qui en avait donné ordre, n'eut pas plutôt appris qu'on avait conduit ce prêtre en prison, qu'il s'y rendit accompagné de ses domestiques. Une forte barrière, au travers de laquelle on le pouvait voir, fermait l'endroit où on l'avait mis, et suffisait à peine pour l'arrêter, tant la fureur avait augmenté ses forces. On la voyait peinte dans ses yeux et dans tout son air; et ses habits déchirés, et l'écume qui lui sortait de la bouche, et les hurlements plutôt que les cris qu'il poussait, jetaient une secrète horreur dans tous ceux qui le voyaient. Le vénérable évêque en fut touché jusqu'aux larmes; il le regarda quelque temps attentivement; puis, se tournant du côté de ceux qui l'accompagnaient : « Mes frères, leur dit-il, vous voyez les effets du péché, qui est la première cause de tous les désordres qui sont dans la nature; vous voyez comme il efface jusqu'aux moindres traits de cette divine ressemblance à laquelle nous avons été créés, et vous devez comprendre quel présent Dieu nous a fait en nous donnant la raison, et ce que c'est qu'un homme qui en a perdu l'usage. Mais Dieu, à qui cet homme appartient par tant de titres, qui l'a créé et qui l'a racheté de son sang, Dieu, plus fort que le démon, plus miséricordieux que nous ne sommes coupables, ne le laissera pas plus longtemps dans ce pitoyable état; prions-le tous d'avoir pitié de lui. » Il fut quelque temps sans rien dire, tout recueilli en lui-même; puis il commanda qu'on ouvrît la barrière. Tous ceux qui l'accompagnaient frémirent à cet ordre, et chacun craignant pour lui et pour soi-même s'opposa à son dessein; mais le prélat, plein de foi et de confiance en Dieu, à qui rien n'est impossible, les assura qu'ils n'avaient rien à craindre, et que le temps des miséricordes de Dieu était venu pour ce pauvre homme. La barrière fut ouverte; François avança seul, et prenant ce furieux par la main : « Ayez, lui dit-il, confiance en Dieu, mon frère. » Il lui mit ensuite la main sur la tête, lui rangea ses cheveux qui étaient tout en désordre : dans le moment même sa fureur fut calmée, le trouble et l'agitation de son corps cessèrent, la tranquillité parut dans ses yeux et sur son visage, et l'on n'y aperçut plus que les marques de la confusion que lui causait le désordre où il se voyait.

La mer calmée tout d'un coup au plus fort d'une violente tempête passerait pour un grand miracle : ce n'en est peut-être pas un moindre de rendre ainsi, en un moment, la tranquillité à un esprit troublé, la paix à un cœur agité d'une fureur si violente, et la santé à un corps qui ne pouvait que succomber prochainement sous les mouvements convulsifs d'une si étrange maladie.

Ce qu'il y eut de plus remarquable dans cette guérison miraculeuse, c'est qu'elle fut aussi entière que subite. On n'eut pas lieu d'en douter, quand on vit le saint prélat prendre par la main cet homme auparavant si hors de lui, le tirer de prison, et le mener dans son palais épiscopal. Là, il lui fit donner des habits, le fit manger à sa table, et le renvoya chez lui si parfaitement guéri, qu'il n'eut plus depuis le moindre ressentiment d'un mal dont on vient de raconter de si étranges effets. On pourrait rapporter beaucoup d'autres miracles que citent les historiens du pieux pontife; celui-ci suffit pour convaincre les plus incrédules que Dieu est toujours admirable dans ses saints; que son bras n'est point raccourci; que Jésus-Christ ne nous a point trompés en nous assurant que ceux qui croiraient et qui se confieraient en lui, feraient dans tous les siècles des miracles aussi grands, et même plus grands que les siens, et que le ciel et la terre passeront, mais que rien ne sera capable d'empêcher l'exécution de ses infaillibles promesses.

Le duc de Savoie, aimé de ses sujets et estimé

de ses voisins, ne songeait plus qu'à l'exécution du dessein dont on a déjà parlé, et ne crut pouvoir rien faire de plus avantageux pour le prince de Piémont, son fils, que de lui procurer l'alliance de la France.

Dans ce but, il envoya en France le baron de Marcieux. L'envoyé trouva la cour de France dans les meilleures dispositions qu'on pût souhaiter pour ce mariage. Henri IV avait eu aussi cette idée; et l'on trouve dans ses mémoires qu'il était dans l'intention d'y consentir, en cas qu'on en fît la proposition. L'estime qu'on avait pour ce grand prince ne permettait pas qu'on s'éloignât de ses vues : les intérêts n'étaient point changés, les mêmes maximes subsistaient encore. Mais Marcieux, qui n'avait que la qualité d'agent, n'était pas une personne assez distinguée pour consommer une affaire de cette importance; il l'écrivit au duc son maître, et ce prince destina aussitôt, pour cette célèbre ambassade, le cardinal son fils, et le saint évêque de Genève pour en avoir la conduite et l'assister de ses conseils : comme il était la personne du monde que le cardinal estimait et aimait le plus, il lui en écrivit aussitôt pour lui en témoigner sa joie et pour le prier d'être prêt lorsqu'il passerait le prendre à Annecy.

La plus grande difficulté que François eût pu alléguer pour ne pas faire ce voyage, était levée par le moyen du coadjuteur qu'on lui avait donné. Son diocèse ne pouvait souffrir de son absence, et il ne doutait pas qu'il ne pût le laisser quelque temps sous la conduite du prélat qui était destiné pour lui succéder. D'ailleurs il était persuadé que, si son diocèse devait lui être cher, l'État dont il faisait partie ne devait pas lui être indifférent; qu'étant obligé de prier pour lui, il pouvait bien lui donner une partie de ses soins, quand la Providence l'y appelait sans qu'il l'eût recherché : il savait que saint Ambroise et plusieurs autres saints évêques, autorisés de Dieu par des miracles, avaient accepté des ambassades dans l'unique vue de servir l'État.

Une raison particulière servit encore à le déterminer. Une partie considérable de son diocèse dépendait de la couronne de France, et il avait des affaires très-importantes à négocier à la cour pour le rétablissement ou pour l'affermissement de la religion catholique.

Toutes ces raisons l'ayant convaincu qu'il ne ferait rien contre son devoir en accompagnant le cardinal, il lui écrivit qu'il se tiendrait prêt pour son passage.

Le cardinal de Savoie arriva à Paris au commencement de l'année 1619, et fut reçu avec tous les honneurs dus à sa naissance et à sa dignité. François retrouva dans cette capitale une partie de ses anciens amis, et ne fut pas longtemps sans en faire de nouveaux à la ville et à la cour. Les beaux ouvrages qu'il avait donnés au public lui avaient acquis une réputation extraordinaire : tout le monde le regardait comme un prélat également saint et habile; il n'y avait point d'affaire de conséquence sur laquelle il ne fût consulté, point d'assemblée de piété où il ne fût invité, ni de saintes entreprises qu'il n'animât par sa présence, par ses soins et par ses conseils; toutes les classes de la société avaient le même empressement à se mettre sous sa direction : on ne pouvait comprendre qu'un seul homme pût suffire à tant d'occupations.

Elles ne l'empêchèrent pas cependant de prêcher le carême à Saint-André-des-Arcs. Tout Paris courut à ses sermons; et la foule y fut si grande, que les cardinaux, les évêques et les princes avaient peine à y trouver place.

Parmi les personnes que son savoir et sa sainteté attirèrent chez lui, on distingua un Allemand du Palatinat, nommé Philippe Jacob, qui avait été ministre calviniste et s'était converti depuis peu à la foi catholique. C'était un homme brusque, peu civil, vain comme le sont les demi-savants, mal affermi dans la foi, incertain s'il demeurerait dans l'Église ou s'il retournerait à la communion qu'il avait quittée; bizarre, emporté, et surtout tout plein des préventions qu'ont les calvinistes contre les évêques et l'épiscopat. Il aborda le saint prélat avec sa brusquerie ordinaire, et lui demanda si les apôtres allaient dans des carrosses dorés, comme il l'y avait vu depuis peu, et s'il lui était permis d'employer les revenus de l'Église à des équipages pompeux comme le sien. François lui répondit avec une honnêteté qu'il ne méritait guère, qu'il n'avait ni carrosse, ni équipage; que, quand il aurait la volonté d'en avoir, il n'en avait pas le moyen; que les Genevois, en usurpant les biens de son Église, y avaient mis bon ordre; mais qu'il regrettait moins cette perte que celle de leurs âmes, et que, quant à lui, il leur donnerait volontiers le peu qui lui restait pour les gagner à Jésus-

Christ. Il ajouta que les carrosses dans lesquels il l'avait vu n'étaient point à lui, mais au prince de Savoie, ou au roi, qui lui en envoyait souvent pour faire honneur à son caractère, ou au cardinal qu'il accompagnait ; qu'il voulait absolument qu'il s'en servît, et qu'il n'avait pas cru se devoir brouiller avec un si grand prince pour si peu de chose. Quant aux apôtres, continua-t-il, ils ont été en carrosse quand l'occasion l'a demandé ; nous en avons un exemple en la personne de saint Philippe, qui ne fit point de difficulté de monter dans le char de l'eunuque de la reine d'Éthiopie, comme il l'avait sans doute vu dans les *Actes des Apôtres*. « Je savais bien, ajouta encore le saint prélat, qui a raconté lui-même cet entretien, que ce Philippe dont je lui parlais n'était pas l'apôtre ; mais il y a des gens qui n'y regardent pas de si près, et d'ailleurs ce Philippe était un homme apostolique, et l'exemple n'en concluait pas moins. »

« Mais, continua Jacob, la résidence n'est-elle pas de droit divin ; et pendant que vous êtes à la cour de France, que fait en Savoie le peuple dont vous devriez avoir soin ? » François lui répondit que personne n'était plus persuadé que lui de la nécessité de la résidence ; mais qu'il avait cru que le bien de l'État et les affaires particulières de son diocèse, dont plusieurs ne pouvaient être réglées qu'à la cour, étaient des raisons suffisantes pour l'en dispenser pendant quelque temps ; qu'après tout il avait mis ordre à toutes choses avant son départ ; qu'il avait laissé son diocèse sous la conduite d'un évêque qui le valait bien, et qu'il était assuré qu'il ne souffrirait point de son absence.

Comme on est déjà prévenu que le caractère de Jacob était fort extraordinaire, on ne sera pas surpris d'apprendre qu'il porta l'insolence jusqu'à dire au pieux évêque, en levant la main : « Si je vous donnais un soufflet, tendriez-vous l'autre joue pour en recevoir un autre, comme l'Évangile l'ordonne ? — Je ne sais pas si je le ferais, répondit François ; mais je sais bien que je le devrais faire. »

Il n'est point d'homme grossier et brusque qui ne se rende enfin à une extrême douceur : Jacob fut si surpris et en même temps si touché de la modération du saint prélat, qu'il en parlait partout avec admiration ; mais il ajoutait que s'il l'eût traité rudement, et que s'il eût répondu sur le même ton qu'il avait parlé, il serait retourné à sa première communion ; car enfin, ajoutait-il encore, l'humilité et la douceur sont si essentielles à la sainteté, que si l'évêque de Genève n'eût pas eu ces deux qualités, il l'eût regardé comme un hypocrite dont le monde était la dupe.

Pendant que ces choses se passaient, le mariage du prince de Piémont fut conclu, et Christine de France ayant été épousée par procureur, on pensa à lui faire sa maison. La princesse, qui avait pour François une estime et une vénération qui ne pouvaient aller plus loin, le choisit pour son premier aumônier, dans le dessein de se l'attacher et de se mettre sous sa conduite ; mais ce fut justement ce qui l'empêcha de l'accepter. Il remercia la princesse de l'honneur qu'elle voulait lui faire, et ajouta que, puisqu'elle le voulait absolument, il accepterait cette charge, mais qu'il la priait d'agréer que ce fût à deux conditions : l'une, qu'elle ne le dispenserait point de la résidence ; l'autre, que, quand il ne ferait point sa charge, il ne recevrait point le revenu qui y était attaché. « Vous avez, lui répondit la princesse, des scrupules qui vont trop loin. Si je veux vous donner vos appointements lors même que vous ne servirez pas, quel mal ferez-vous en les acceptant ? — Madame, répondit le prélat, je me trouve bien d'être pauvre, je crains les richesses : elles en ont perdu tant d'autres, elles pourraient me perdre aussi. » La princesse fut obligée de consentir à ces deux conditions ; il fut nommé premier aumônier, et en fit la charge tant que la princesse de Piémont fut en France, et dans quelques autres occasions, mais toujours aux conditions qu'il avait proposées. Après qu'il eut accepté, la princesse lui fit présent d'un diamant d'un grand prix : « A condition, lui dit-elle, que vous le garderez pour l'amour de moi. — Je vous le promets, Madame, répondit le saint prélat, à moins que les pauvres n'en aient besoin. — En ce cas, dit la princesse, qui était une digne fille du grand Henri, contentez-vous de l'engager, et j'aurai soin de le dégager. — Je craindrais, Madame, répliqua François, que cela n'arrivât trop souvent, et que je n'abusasse enfin de votre bonté. » En effet, il avait une tendresse pour les pauvres qui ne lui permettait pas de leur rien refuser ; et lorsqu'il n'avait point d'argent, on l'a vu leur donner jusqu'à des pièces d'argenterie de sa chapelle et jusqu'à ses propres habits.

Cependant, à force de fréquenter les hôpitaux et d'assister tous les jours des pauvres attaqués de maladies contagieuses, il tomba lui-même dangereusement malade : il reconnut dans cette occasion combien il était aimé. L'hôtel d'Ancre, où il était logé, ne désemplissait point de cardinaux, d'évêques, de princes, de gens de qualité et du peuple, qui venaient savoir des nouvelles de sa santé, ou lui rendre des visites lorsqu'il fut en état de les recevoir. Il guérit enfin de cette maladie, et put aller remercier Leurs Majestés des visites qu'il avait reçues de leur part.

Sur ces entrefaites la cour partit pour Fontainebleau, et François, qui ne quittait point le cardinal de Savoie, fut obligé de l'accompagner. Un jour, comme il se promenait seul dans le jardin, il fut joint par le cardinal de Retz, évêque de Paris, qui lui dit, en l'abordant, qu'il était ravi de le trouver seul, qu'il y avait longtemps qu'il avait envie de l'entretenir en particulier; et sans lui donner le temps de répondre : « Vous voyez, lui dit-il, le rang que j'occupe à la cour et au conseil, et vous avez été souvent témoin des affaires dont je suis comme accablé; cependant je me trouve en même temps chargé du gouvernement d'un aussi grand diocèse que celui de Paris, qui me demanderait tout entier, et je ne puis lui donner qu'une petite partie de mon temps, et souvent point du tout. Le compte que j'en dois rendre à Dieu m'étonne; je voudrais bien mettre là-dessus ma conscience en repos : que me conseillez-vous? — Puisque vous me faites l'honneur de me consulter, répondit François, je ne puis vous dissimuler que vous avez raison d'écouter sur un point si important les reproches de votre conscience ; mais vous n'avez qu'un moyen de la satisfaire, qui est de quitter le ministère ou l'évêché. — J'en ai pourtant trouvé un autre, répondit le cardinal; je l'ai proposé au roi, et il l'a agréé : c'est de vous faire mon coadjuteur; et sur cela j'ai ordre de vous offrir de sa part vingt mille livres de pension (l'évêché de Genève sera pour M. l'évêque de Chalcédoine, votre frère), d'obtenir l'un et l'autre du duc de Savoie et du Pape, et de faire pour cela toutes les démarches qui seront nécessaires. Je joins mes prières aux siennes; ne me refusez pas cette grâce : Paris a besoin d'un évêque comme vous : vous y êtes estimé et aimé, et vous y ferez assurément plus de fruit que vous ne ferez jamais dans votre évêché de Genève. Je ne puis, répondit François, assez remercier Sa Majesté et Votre Grandeur de l'honneur qu'elles veulent me faire; mais vous n'y auriez jamais pensé si vous m'eussiez mieux connu, et je dois répondre à votre bienveillance en me faisant connaître à vous tel que je suis. Comme je ne puis me cacher à moi-même que je ne suis pas capable de gouverner seul mon évêché, j'ai été obligé de demander un coadjuteur : comment donc pourrais-je avoir la témérité de me charger d'un aussi grand diocèse que celui de Paris? Dieu me veut évêque de Genève; il m'a donné cette Église pour épouse : il n'y a rien qui puisse m'obliger à l'abandonner pour une autre; d'ailleurs je me fais vieux, j'approche de la fin de ma course : le repos me conviendrait mieux que le travail; et pour vous ouvrir mon cœur tout entier, je vous dirai que, si j'en suis cru et si je puis en obtenir la permission, je suis résolu de quitter mon évêché et de me retirer dans une solitude pour me préparer à paraître devant

Dieu. Bien loin de me détourner d'un si bon dessein, aidez-moi à l'exécuter : j'ai assez vécu pour les autres, il est temps de ne vivre plus que pour Dieu et de me donner tout à lui. »

Il prononça ces dernières paroles d'une manière si touchante, que le cardinal en fut pénétré. Il lui fit encore quelques instances ; mais il trouva toujours un prélat ferme, détrompé des richesses, de la grandeur et de la fortune, et incapable de changer de résolution.

Quelque temps après, l'évêque de Genève prêcha devant Leurs Majestés dans l'église de l'Oratoire, et la veille de Noël aux Capucines, en présence de la reine, toujours avec le même succès.

Enfin, au commencement de 1620, le cardinal de Savoie et la princesse de Piémont partirent pour Turin : François ne les accompagna que jusqu'à Annecy.

A son arrivée, il fit trois actions qu'on ne peut assez louer. Pendant son absence, ses officiers avaient gagné à Chambéry un procès considérable contre plusieurs gentilshommes de son diocèse, avec de grands dépens que son économe voulait exiger à la rigueur. Le saint prélat ne fut pas de cet avis. « Je n'ai consenti, dit-il, à ce procès, que parce que je l'ai cru juste, et qu'il ne s'agissait pas de mes intérêts particuliers, mais des droits de mon Église, qu'il ne m'est pas permis d'abandonner. Pour ce qui est des dédommagements, je n'en veux point : Dieu me garde de me prévaloir de pareils avantages contre qui que ce soit, mais particulièrement contre mes diocésains, que je dois traiter comme un bon père traite ses enfants. » L'éco-

nome crut devoir lui faire observer que les dépens
spécifiés dans le jugement s'élevaient à une somme
considérable, et qu'ils ne faisaient que remplacer
celle qu'il avait dépensée à poursuivre ce procès.
« Et comptez-vous pour un petit gain, repartit le
saint prélat, de regagner des cœurs que ce procès
a rendus peut-être mes ennemis? Pour moi, je le
compte pour tout. » A l'heure même il envoya chercher ces gentilshommes, qui ne furent pas peu
surpris quand il leur fit connaître son intention
formelle de ne pas recevoir les dépens auxquels
ils étaient condamnés, et dont ils ne comptaient
point demander la remise.

Cette action fut suivie d'une autre qui n'est pas
moins généreuse. On a pu voir, dans le cinquième
livre de cette histoire, qu'un des droits de l'évêque
de Genève était d'hériter de certaines familles,
lorsque les chefs, en mourant, ne laissaient point
d'enfants. Le cas arriva environ en ce même
temps. Un homme riche, auquel le saint prélat
devait succéder, mourut sans laisser d'autres héritiers que des collatéraux. Ils vinrent aussitôt à
Annecy, pour traiter de cette succession avec
l'économe de l'évêché : celui-ci portait ses prétentions fort haut, comme étant bien informé que
l'homme dont il s'agissait avait laissé beaucoup
de bien. Les héritiers soutenaient le contraire :
ainsi l'on était, de part et d'autre, fort loin de
s'entendre. Le saint prélat en fut averti, et leur
fit dire de s'adresser à lui. Ils le firent : François
les pria de lui dire, en conscience, à combien
pouvait monter cette succession : ils eurent l'effron-
terie de lui répondre qu'elle pouvait valoir vingt

écus d'or. « Eh bien! leur dit François, donnez-
les-moi, et je vous tiendrai quittes. » Ils eurent de
la sorte, mais par un mensonge, une succession
opulente pour une somme très-modique.

Jamais surprise ne fut égale à celle de l'économe, quand il sut d'eux qu'ils en avaient été
quittes pour une somme aussi minime. Il ne manqua pas de le représenter au saint prélat avec un
zèle qui allait, comme on l'a dit, jusqu'à lui en
faire des reproches. « Que voulez-vous? lui dit
François; si je n'avais pas eu une aumône à faire,
à laquelle je ne savais comment satisfaire, c'eût
été bien pis, car je ne leur eusse rien demandé. » Ce droit de son Église lui était à charge,
et il ne l'exigeait jamais à la rigueur; cependant il
crut ne devoir ou ne pouvoir s'en départir entièrement.

Pendant le dernier voyage qu'il avait fait à Paris
avec le cardinal de Savoie, il avait économisé une
année et demie de son revenu. Quand on le lui
apporta : « Je ne l'ai pas gagné, » dit-il, et il
ne voulut point en profiter; mais comme sa cathédrale avait besoin d'argenterie, il en fit faire six
chandeliers et une lampe d'argent, dont il lui fit
présent.

Ces trois exemples font voir que, quand on a
le cœur grand comme l'avait ce vénérable pontife,
on peut être libéral sans être riche. Jamais homme
n'aima plus à donner et moins à recevoir que lui,
et c'était encore une de ses maximes : « Si vous
« avez beaucoup, donnez beaucoup; si vous avez
« peu, donnez peu : quand quelqu'un est réduit à
« demander, il faut croire qu'il en a grand besoin;

« c'est l'outrager que de le refuser, ou de lui
« faire trop valoir ce qu'on lui donne. » C'est ce
qu'il évitait avec soin, et il donnait souvent sans
qu'on s'en aperçût.

La mort de Paul V, qui arriva dans ce même
temps (1619), donna lieu à l'élection du cardinal Ludovisio, qui prit le nom de Grégoire XV.
Dès la première année de son pontificat, il envoya
un bref au saint prélat, par lequel il le commettait
pour présider, en son nom, au chapitre général
des Feuillants, qui devait se tenir à Pignerol. Il
partit aussitôt, le respect qu'il avait pour le Saint-
Siége ne lui permettant pas d'user du moindre
délai, lorsqu'il s'agissait d'exécuter ses ordres.

François donna, dans cette occasion, des preuves
d'une prudence consommée et de cet art admirable de ménager les esprits, qu'il possédait au
souverain degré : tous cédèrent à ses raisons,
tous se laissèrent gagner par son incomparable
douceur; et par l'élection unanime d'un général
il rendit le calme à ce saint ordre, et avec le
calme il rétablit la paix et l'union.

François, ayant terminé toutes les affaires qui
l'avaient obligé de se rendre à Pignerol, en partit
pour aller à Turin saluer Leurs Altesses Royales.
Il en fut reçu avec toute la distinction qui était
due à son mérite et à sa vertu. Il ne croyait faire
qu'un voyage de civilité, et Dieu l'y conduisait
pour justifier une personne de qualité disgraciée,
que le duc de Savoie venait d'exiler.

Un seigneur de la cour, dont tout le monde
redoutait le crédit, avait surpris l'esprit du duc,
et la calomnie avait été conduite avec tant d'arti-

fice, qu'on avait fermé à l'exilé toutes les voies pour se justifier ; aucun n'osait prendre son parti, et les personnes les plus vertueuses craignaient de se commettre avec le calomniateur. François crut qu'il était indigne de son caractère d'user de ces ménagements : il se fit instruire de l'affaire, alla trouver le duc, et lui parla si fortement en faveur de l'accusé, qu'il lui fit connaître son innocence et le remit dans ses bonnes grâces. Cette action fut extrêmement louée, et en effet elle a quelque chose de cette grandeur et de cette magnanimité qui sont si essentielles aux évêques. Ses amis ne laissèrent pas d'en prendre l'alarme, et de le prévenir qu'il avait tout à craindre du ressentiment et de l'humeur emportée du seigneur aux dépens duquel il avait justifié l'innocent, et qu'il ferait fort bien de se tenir sur ses gardes. « Tout le monde me le dit ainsi, répondit le pieux prélat ; mais ma vie est entre les mains de Dieu : après tout je n'ai fait que mon devoir ; car qui parlera pour les personnes innocentes et opprimées, si les évêques ne le font pas ? »

Les craintes des amis de François n'étaient pas vaines : le calomniateur se crut perdu dans l'esprit du prince, et crut aussi qu'il n'avait plus rien à ménager. Il chercha quelques jours le vertueux pontife sans le trouver ; enfin, ayant appris qu'il disait la messe dans une église de la ville, il s'y rendit, résolu de le tuer quand il en sortirait. Dans le moment même Dieu lui changea le cœur, et il fut si touché de la majesté et de la dévotion avec laquelle François faisait cette sainte action, qu'il abandonna son mauvais dessein; il lui fit demander son amitié par un de ses amis, et le fit assurer qu'il aurait pour lui, pendant toute sa vie, la vénération qui lui était si justement due.

Étant sur son départ, le vénérable évêque alla prendre congé de la princesse de Piémont. Comme elle ne lui vit point le diamant qu'elle lui avait donné, elle lui demanda ce qu'il en avait fait : « Madame, lui répondit François, il vous est aisé de le deviner. — Apparemment, repartit la princesse, qu'il n'était pas assez beau ; je veux vous en donner un autre d'un plus grand prix ; mais n'en faites pas comme du premier. — Madame, reprit le saint prélat en souriant, je ne vous en réponds pas ; je suis peu propre à garder des choses précieuses. » Elle ne laissa pas de le lui donner. François partit quelques jours après. Comme il était en chemin, ses gens craignaient d'avoir perdu le diamant, et le lui dirent tout effrayés. « Ce n'est que cela? répondit-il, vous vous affligez de peu de chose : si un pauvre l'avait trouvé, le mal ne serait pas grand. » A quelque temps de là le diamant fut retrouvé, et ses gens en témoignèrent autant de joie qu'ils avaient paru affligés de sa perte. « Gardez-le mieux, répondit le saint; nos pauvres pourront en avoir besoin. »

Ce fut en effet l'usage qu'il en fit : quand il avait besoin d'argent pour des aumônes, il ne manquait jamais de l'engager. Ce fut ce que rapporta un gentilhomme d'Annecy à la princesse même qui l'avait donné; car, comme on vint à parler de ce diamant : « Je l'ai vu, dit le gentilhomme ; il n'est pas à l'évêque de Genève, il est à tous les gueux d'Annecy. »

Le saint prélat, de retour, ne songea plus qu'à se préparer à la mort; il en avait eu des pressentiments, et se sentait affaiblir tous les jours. Ce n'est pas qu'il fût âgé, mais ses grands travaux et ses mortifications continuelles avaient altéré la bonté de son tempérament. Cependant, avant de raconter cette mort si précieuse devant Dieu, si digne d'une sainte vie, on croit qu'on ne peut se dispenser de parler de l'institution du saint ordre de la Visitation, son chef-d'œuvre, preuve toujours subsistante de sa sagesse, de ses lumières, de son incomparable douceur, de son éminente piété; et si l'on n'est entré jusqu'à ce moment dans aucun détail sur ce sujet, c'est qu'on a jugé qu'il était plus convenable de rapporter de suite et sans interruption tout ce qui s'y rattache.

LIVRE SEPTIÈME.

Histoire abrégée de la vie de sainte Chantal et de la fondation de l'ordre de la Visitation. — Saint François de Sales se rend à Avignon et de là à Lyon. — Il y tombe malade. — Ses derniers sentiments et ses dernières paroles. — Sa mort. — Son corps est transporté à Annecy. — Sa béatification et sa canonisation. — Translation de ses reliques.

Il manquerait quelque chose à l'histoire de la Visitation, et même à celle de saint François de Sales, si l'on ne parlait pas de madame de Chantal, sa fille spirituelle et sa digne coopératrice dans la fondation de ce saint Ordre. Ce serait même aller, en quelque façon, contre la volonté de Dieu que de séparer, après leur mort, des personnes qu'il avait si saintement unies pendant leur vie : d'ailleurs leurs actions, leurs vues, leurs desseins sont tellement mêlés, qu'il n'est pas possible de les désunir. Tous les historiens du saint prélat ont jusqu'ici suivi cette marche : on croit les devoir imiter, et, par cette raison, on commence l'histoire de l'ordre de la Visitation par celle de sa fondatrice aussi bien que par celle de son fondateur.

Madame de Chantal s'appelait Jeanne-Françoise Frémiot. Elle était fille de Bénigne Frémiot, président à mortier du parlement de Bourgogne, et de Marguerite de Berbisy, tous deux des plus anciennes familles de leur province. Il sortit trois enfants de ce mariage : Marguerite Frémiot, depuis mariée au baron d'Effran, de la maison de Neuchese ; André Frémiot, archevêque de Bourges ; et Jeanne-Françoise, qui épousa le baron de Chantal.

Elle naquit à Dijon le 23 janvier 1572. Comme elle perdit sa mère de bonne heure, son père, qui était fort occupé de sa charge, la maria aussitôt qu'il le put au baron de Chantal, l'aîné de la maison de Rabutin : il avait du mérite et de la valeur ; et ces deux qualités lui acquirent l'estime et la bienveillance de Henri le Grand. Cette dame vécut dans le mariage comme elle avait vécu étant fille, c'est-à-dire qu'elle fut par sa conduite, sa déférence et ses égards pour son époux, l'exemple des femmes, comme elle l'avait été des filles par sa modestie, sa piété et sa douceur.

Désirant mettre de la régularité et de l'ordre dans la maison de son mari, elle commença par elle-même : dévotions, occupations, divertissements, tout fut réglé, jusqu'à ses habits ; elle les rendit aussi modestes que sa complaisance pour son époux le pût permettre, en sorte qu'on disait qu'il ne paraissait rien de jeune en elle que son visage. Ses occupations ordinaires étaient de lire de bons livres, de travailler pour les autels et pour les pauvres. Toujours attentive à prévenir leurs besoins ou à y remédier, elle avait coutume de dire qu'elle demandait à Dieu ce qui lui était nécessaire avec plus de confiance, quand, pour l'amour de lui, elle avait assisté ceux qu'il veut bien appeler ses membres.

Elle estimait sur toutes choses la prière publique; elle avait une foi extraordinaire en son efficacité : c'est ce qui la rendait assidue aux offices de la paroisse; elle n'y manquait jamais ainsi que son mari, et avait soin d'y faire aller tous ses domestiques.

Ils entendaient tous les jours la sainte messe, et assistaient aux prières du matin et du soir qui se faisaient en commun au château. Elle voulait qu'ils sussent que Dieu est le premier maître et le plus digne d'être servi, et qu'ils ne devaient même servir qui que ce fût après lui, que parce que l'ordre de sa Providence le demandait ainsi, et que c'était lui-même qui avait établi cette subordination si nécessaire entre les hommes. Elle les faisait instruire avec soin, les occupait avec discrétion, et les soulageait avec bonté dans leurs maladies et dans leurs besoins. Alors elle se dépouillait de l'autorité d'une maîtresse pour se revêtir de la tendresse d'une mère, d'autant plus persuadée qu'elle servait Jésus-Christ en les servant, qu'il avait dit lui-même : « Ce que vous aurez fait à l'un de ces petits, vous l'aurez fait à moi-même. »

Pendant les absences de son époux, qui était obligé de passer une partie de l'année à la guerre ou à la cour, elle ne sortait point de chez elle : divertissements innocents, jeu, bonne chère, tout cessait, jusqu'aux visites qui n'étaient pas de devoir ou absolument de bienséance. Quand il était de retour, la complaisance qu'elle avait pour lui l'obligeait à changer de conduite ; elle se relâchait même de quelques pratiques de dévotion. A la fin elle en eut du scrupule, et crut qu'elle pouvait accorder ce qu'elle devait à Dieu et à son mari ; et depuis ce temps-là elle ne se dispensa plus de ses exercices de piété.

Le baron de Chantal, qui était lui-même un gentilhomme plein d'honneur et de vertu, n'y trouvait point à redire. Il l'estimait autant qu'il l'aimait, et avouait que le temps n'avait servi qu'à augmenter sa tendresse pour elle. Un fils et trois filles qu'elle lui donna serraient les nœuds de leur union. Tout semblait conspirer à les rendre heureux ; mais il n'est point en ce monde de bonheur véritable et de durée ; tout y est mêlé, et la seule fragilité des objets auxquels on s'attache devrait suffire pour en détromper. Madame de Chantal était appelée à une sainteté trop éminente pour n'être pas éprouvée.

Un parent du baron de Chantal, son voisin et son intime ami, le vint voir, et l'engagea à aller avec lui à la chasse : Chantal l'aimait aussi peu que son parent en était passionné ; il ne laissa pas cependant d'avoir cette complaisance pour lui. Il avait mis ce jour-là un habit de couleur de biche. Son parent, le voyant au travers de quelques broussailles, le prit pour une bête fauve, tira sur lui et lui cassa la cuisse. Le baron tombant du coup s'écria qu'il était mort ; son parent accourut à ce cri, et Chantal, le voyant au désespoir : « Mon cousin, lui dit-il, mon cher ami, tu as fait ce coup sans le vouloir, tu t'es mépris : je te pardonne de tout mon cœur. » Ensuite il envoya quatre de ses gens en quatre paroisses diffé-

rentes pour être plus certain d'avoir un confesseur.
En même temps il envoya aussi prévenir sa femme
de ce qui venait d'arriver, avec ordre de lui cacher
que le coup fût mortel. On le porta dans une maison
du plus proche village, où madame de Chantal
accourut. Dès qu'il la vit : « Madame, lui dit-il, il
faut respecter les ordres du Ciel, les aimer et mourir. » L'extrême affliction de madame de Chantal ne
lui permit pas de répondre; ses larmes et ses soupirs parlèrent pour elle. Dans ce moment un prêtre
étant arrivé, le premier soin du baron de Chantal
fut de se confesser, et il le fit avec une présence
d'esprit et des sentiments si chrétiens, qu'on voyait
bien qu'il n'était occupé que du soin de son salut.
La confession finie, le premier qui entra dans sa
chambre fut ce malheureux parent qui l'avait mor-
tellement blessé ; il venait se jeter aux pieds de
madame de Chantal pour lui demander pardon. Le
désespoir était peint sur son visage, et sa douleur était si vive, qu'il n'y avait que celle de madame
de Chantal qui la pût égaler. Dès que Chantal le
vit, il lui tendit la main, et s'adressant à sa femme :
« Madame, lui dit-il, il lui faut pardonner; Dieu
vous l'ordonne, et je vous en prie. Pour moi, je lui
pardonne de tout mon cœur. »

Le premier appareil ayant été mis, on transporta
le baron chez lui, où sa femme, malgré la douleur
dont elle était accablée, lui servit de garde, de
médecin et même de directeur. Mais les soins, les
prières furent inutiles. Dieu, qui sait mieux que
nous-mêmes ce qu'il nous faut, refuse souvent de
moindres grâces pour en accorder de plus grandes.
La fièvre survint le cinquième jour; et le neuvième,

après avoir reçu les sacrements avec une piété singulière, le malade pria sa femme et commanda à son fils de ne jamais penser à venger sa mort; il leur dit de nouveau qu'il la pardonnait de tout son cœur, et fit écrire ce pardon dans les registres de l'église, avec l'ordre qu'il donnait à sa famille de n'en conserver aucun ressentiment : un moment après il expira, et laissa madame de Chantal dans une douleur plus aisée à imaginer qu'à décrire.

C'est ainsi que Dieu, par des coups éclatants et imprévus, sait dégager des cœurs qu'il veut posséder sans partage. La suite de ses desseins sur madame de Chantal ne demandait pas un moindre sacrifice.

Madame de Chantal fit voir dans cette occasion que les mêmes coups qui brisent la paille séparent le bon grain; que l'or s'épure dans le même feu où la paille est consumée, et que les mêmes afflictions qui endurcissent les méchants, et les portent à douter de la Providence, purifient les fidèles, et ne servent qu'à augmenter leur foi et leur amour. Elle pleura, comme il était permis, un mari qu'elle se croyait obligée d'aimer ; elle s'affligea de voir rompre sitôt des nœuds que Dieu même avait formés. Mais elle dit avec Job : « Dieu me l'avait « donné, Dieu me l'a ôté; si nous recevons de lui « les biens qu'il lui plaît de nous donner, pourquoi « ne pas recevoir avec résignation, de sa main tou- « jours également bienfaisante, les afflictions qu'il « juge à propos de nous envoyer? »

Se voyant dégagée du mariage, elle résolut de ne s'y plus engager. Dieu eut encore plus de part à cette résolution que la vénération qu'elle avait pour la mémoire de son mari, ou l'amour qu'elle portait à ses enfants ; et, pour n'être point tentée de la rompre, elle en fit vœu, et se donna à Dieu irrévocablement pour ne plus vivre que pour lui. Dès lors on ne vit en elle presque plus rien d'humain ; elle en donna une grande preuve lorsque, pour mieux marquer combien elle pardonnait sincèrement la mort de son mari, elle voulut bien nommer au baptême un des enfants de celui qui l'avait tué.

Quelque temps après, elle distribua tous ses habits aux pauvres, et fit vœu de n'en porter jamais que de laine. Elle congédia une partie de ses domestiques, après les avoir récompensés, et ne retint que ceux qui étaient absolument nécessaires pour elle et pour ses quatre enfants. Ensuite elle se consacra entièrement à leur éducation, partageant la journée de manière à ce qu'il y eût toujours un temps pour la prière, un autre pour l'instruction, et un autre pour le travail.

Elle avait un très-vif désir de trouver un directeur qui fût véritablement selon le cœur de Dieu, et qui pût la conduire dans ses voies ; elle le demandait à Dieu avec ardeur, jeûnait et faisait l'aumône dans cette intention. Une dame de ses amies, voyant la peine où elle était, lui conseilla de prendre le sien dont elle lui dit beaucoup de bien. La pieuse veuve y consentit, quoique avec une répugnance secrète qu'elle ne put jamais vaincre : aussi n'était-il pas celui que le Seigneur lui avait destiné ; il ne lui fallait pas moins que le saint évêque de Genève, pour la conduire à ce haut point de perfection où elle arriva depuis sous sa direction. Elle obéit

cependant à ce confesseur avec beaucoup de soumission, quoique toujours avec la même répugnance; car sa profonde humilité lui persuadait
qu'elle ne pouvait rien faire de pis que de se conduire elle-même.

Enfin, en 1604, le parlement de Bourgogne ayant
obtenu du saint évêque de Genève qu'il viendrait
prêcher le carême à Dijon, elle s'y rendit pour l'entendre. Dès qu'elle l'aperçut en chaire, un mouvement secret lui dit qu'il était celui que Dieu avait
destiné pour la diriger. François, de son côté, la
remarqua, et se souvint de la vision qu'il avait eue
au château de Sales : il crut la reconnaître pour
celle qui lui avait été montrée comme l'instrument
dont Dieu devait se servir pour l'aider à fonder un
nouvel Ordre. A la sortie de la chaire, curieux
de savoir son nom, il rencontra l'archevêque de
Bourges, son intime ami, auquel il le demanda.
Celui-ci lui apprit qu'elle était sa sœur, veuve du
baron de Chantal. Dans la suite, comme il allait
souvent manger chez le président Frémiot, père
de la sainte veuve, il eut occasion de l'entretenir;
et il la remplit d'admiration par la sainteté de ses
discours, comme il l'avait déjà fait par ses sermons.
Ce fut ainsi qu'ils se connurent, et qu'il se forma
entre eux cette sainte union qui donna lieu depuis
à la fondation de l'ordre de la Visitation. Madame
de Chantal avait une extrême envie de découvrir
son intérieur à l'évêque de Genève; mais elle était
retenue par le vœu fort indiscret, et qu'on ne
peut assez blâmer, que son directeur lui avait fait
faire, de ne parler qu'à lui des affaires de sa conscience. Un jour que le pieux évêque crut la voir

plus parée qu'à l'ordinaire, il lui demanda si elle
en serait moins propre si elle n'avait pas de la dentelle à sa coiffe et des glands à son mouchoir. La
sainte veuve sur-le-champ coupa elle-même les
glands, et fit découdre le soir la dentelle. Le vertueux pontife, qui savait mieux que personne que
rien n'est petit devant Dieu de tout ce qu'on fait
pour lui plaire, admira sa docilité, et jugea dès lors
que si elle était bien conduite, elle ferait de grands
progrès dans la vertu.

Dans ce temps-là le directeur de madame de
Chantal fut obligé de faire un voyage; pendant son
absence, Dieu permit qu'elle fût exercée par des
tentations si violentes, qu'ayant peur d'en perdre
l'esprit, elle s'adressa au saint évêque, lui ouvrit
son âme, et sortit d'avec lui si consolée, qu'il lui
semblait, disait-elle, que ce n'était pas un homme,
mais un ange qui lui avait parlé.

La facilité avec laquelle le pieux prélat avait dis-
sipé ce grand trouble dont elle était agitée, et avait
rendu la tranquillité à son âme, augmenta l'estime et la confiance qu'elle avait en lui. Elle lui
trouvait des lumières, une prudence et une charité
(qualités toutes essentielles à un directeur) qu'elle
n'avait rencontrées en aucun autre. Il voyait plus
clair qu'elle-même dans son âme, il prévenait ses
difficultés, et ses réponses étaient si accommodées
à ses besoins, qu'elle ne douta plus que Dieu ne
l'eût destinée à être dirigée par ce zélé pasteur.
Dans cette vue, elle le pria de la confesser; il
s'y refusa pour l'éprouver, puis il le lui accorda.
Une paix profonde qu'elle n'avait point encore ressentie succéda à sa confession; mais le désir qu'elle

avait d'être sous sa conduite augmenta en même temps. Il lui laissa espérer que cela pourrait être un jour, et lui dit qu'il fallait demander à Dieu qu'il leur fit connaître à tous deux sa volonté, et attendre ce moment avec tranquillité. Ce grand saint était ennemi des empressements, ils lui étaient suspects. C'était presque le seul défaut qu'il trouvait dès lors en madame de Chantal : elle avait une vivacité pour le bien qui ne lui donnait point de repos ; toujours inquiète, toujours mécontente d'elle-même, n'en faisant à son gré jamais assez, toujours prête à entreprendre des choses nouvelles pour la gloire de Dieu et pour sa propre sanctification.

Quelques jours après, le saint évêque, en prenant congé de madame de Chantal pour s'en retourner dans son diocèse, lui dit qu'il lui semblait que Dieu approuvait qu'il se chargeât de sa conduite, qu'il s'en convainquait tous les jours de plus en plus, mais qu'il ne fallait rien précipiter, et qu'il ne voulait pas qu'il y eût rien d'humain dans cette affaire. Elle reçut quelque temps après la même assurance d'un grand serviteur de Dieu, à qui elle avait fait confidence de ce qui s'était passé dans ses entretiens avec le saint prélat.

Dans ce même temps, le saint évêque et la comtesse de Sales, sa mère, voulant accomplir un vœu qu'ils avaient fait à saint Claude, il en donna avis à madame de Chantal, à qui il avait ouï dire qu'elle en avait fait un pareil ; et il lui marqua le jour qu'il devait arriver. Madame de Chantal s'y rendit aussi. Elle entretint à fond le saint évêque de son intérieur et lui fit une confession générale. Il leva les scrupules qu'elle avait sur le vœu que son directeur lui avait fait faire ; et, pour calmer ses inquiétudes, il lui donna de sa main une méthode pour la règle de sa vie, à laquelle il lui conseilla de s'en tenir jusqu'à ce qu'il jugeât à propos de la changer.

Suivant cette méthode, elle se levait à cinq heures du matin, s'habillait seule et sans feu en toute saison, et faisait une heure d'oraison mentale, exercice que le saint prélat recommande sur tous les autres. Ensuite elle faisait lever ses enfants, leur faisait faire, et à ses domestiques, la prière du matin, et les menait à la messe. L'après-dînée, elle lisait l'Écriture sainte pendant une demi-heure, faisait le catéchisme ou de petites instructions à ses enfants, à ses domestiques et à ceux du village qui voulaient s'y trouver. Avant souper, elle faisait une retraite spirituelle d'un quart d'heure, et disait le chapelet. Le soir elle se retirait à neuf heures, faisait la prière et l'examen avec ses enfants et ses domestiques, leur donnait à tous de l'eau bénite, sa bénédiction, et demeurait encore une heure à prier seule. Enfin elle finissait la journée par la lecture de la méditation pour le lendemain. Elle employait le reste de la journée ou à travailler, ou aux affaires, ou à visiter les malades, quand il y en avait dans les environs.

Suivant la même méthode, elle s'était fait une sainte habitude de la présence de Dieu, mais si grande, qu'elle le voyait en toutes choses, et qu'elles servaient toutes à la rappeler à lui; et en même temps si douce et si tranquille, qu'on ne s'en apercevait point, et qu'elle ne l'empêchait point d'agir, de converser et d'avoir l'esprit présent à toutes choses.

Ce qu'il y avait d'admirable dans une vie si sainte et si digne d'imitation, c'est qu'elle n'était ni triste, ni contrainte. La douceur, la liberté d'esprit régnaient dans toutes les actions de madame de Chantal ; elle était bonne, complaisante, d'un abord facile à tout le monde, interrompant même sans scrupule ses exercices, ou les remettant à un autre temps, quand la charité et les besoins du prochain le demandaient.

Les jours de dimanche et de fête, autant qu'il se pouvait, elle ne voulait ni s'occuper, ni même entendre parler d'affaires temporelles ; c'étaient des jours entièrement consacrés à Dieu et à la charité envers le prochain. Le service divin fini, elle allait visiter les malades, les consolait, faisait leur lit, mettait de l'ordre dans leur ménage, et ne les laissait pas plus manquer de nourriture et de remèdes que de secours spirituels.

C'est ainsi que madame de Chantal vivait au milieu du monde, et cependant elle n'avait que trente-deux ans. C'est par la pratique de tant de vertus que Dieu la disposait à devenir un jour la fondatrice et la mère d'un aussi grand nombre de saintes filles, qui la regardent encore aujourd'hui comme le modèle qu'elles doivent suivre.

Se trouvant, en 1606, à Bourbilly, l'une de ses terres, il y eut un si grand nombre de malades, que sa charité, tout agissante qu'elle était, eut bien de la peine à y suffire. Elle les assista tous de ses biens, de ses soins, de ses prières et de ses instructions. Elle en ensevelissait souvent jusqu'à quatre par jour, sans que l'extrême danger où elle s'exposait fût capable de la rebuter ; mais enfin, ne pouvant résister à tant de fatigues qu'elle se donna pendant près de deux mois, elle tomba malade d'une dyssenterie dont elle fut à l'extrémité. Elle donna, pendant cette maladie, des exemples d'une douceur et d'une patience invincibles, ne se plaignant jamais que de la peine qu'elle donnait et du danger où l'on s'exposait en la servant. Quoi-qu'elle fût encore à la fleur de son âge, elle ne regretta point la vie ; elle parut plus touchée de ses enfants qu'elle laissait en bas âge, et qui avaient encore besoin des soins d'une mère si vertueuse, si habile et si affectionnée ; mais sa soumission aux ordres de Dieu ne lui permit pas d'en témoigner la moindre inquiétude ; elle crut qu'il leur tiendrait lieu de tout, et, dans cette entière soumission à sa providence, elle attendit la mort avec la tran-quillité qu'un cœur pur et plein de confiance dans les bontés du Seigneur a coutume d'inspirer.

Mais son heure n'était pas encore venue, et Dieu la réservait pour le grand ouvrage de la fondation de l'ordre de la Visitation, qu'elle devait com-mencer avec l'évêque de Genève, et soutenir seule après sa mort. Elle guérit contre l'attente de tout le monde, et reprit ses exercices aussitôt que sa santé le lui permit, continuant à servir les malades avec autant de zèle que si sa charité n'eût pas pensé lui coûter la vie. Mais pourquoi l'amour de Dieu ne ferait-il pas faire ce que celui de la gloire fait entreprendre tous les jours à tant de braves qui ne laissent pas de s'exposer aux plus grands dangers, quoiqu'ils aient souvent été près d'y périr ?

Quelque temps après, elle reçut une lettre du pieux pontife, qui lui mandait qu'il croyait nécessaire qu'elle fît un voyage à Annecy. Pour en comprendre le motif, il faut savoir que, lorsqu'elle fit le voyage de Saint-Claude, dont on a parlé, elle lia une étroite amitié avec la comtesse de Sales, mère du saint prélat, et que cette dernière lui avait fait promettre qu'elle viendrait la voir à Sales. Madame de Chantal s'était acquittée de sa promesse l'année suivante, et, dans les entretiens qu'elle avait eus avec le saint évêque, il lui avait dit qu'il méditait un grand dessein pour lequel Dieu se servirait d'elle. Elle lui demanda ce que c'était; mais ce sage directeur lui répondit qu'il voulait à loisir en méditer l'exécution, et qu'il ne pourrait le lui dire que dans un an; qu'il la priait cependant de joindre ses prières aux siennes, et de bien recommander cette affaire à Dieu. C'était pour la lui communiquer qu'il la priait de se rendre à Annecy.

Lorsqu'elle y fut arrivée, le saint prélat lui dit qu'il avait mûrement examiné devant Dieu la proposition qu'elle lui avait faite si souvent de quitter le monde pour embrasser l'état religieux; qu'il y avait rencontré de grandes difficultés, mais qu'enfin il était temps de lui rendre réponse. Là-dessus, pour éprouver sa soumission, il lui proposa de se faire religieuse de Sainte-Claire, puis sœur de l'hôpital de Beaume, et enfin carmélite. La sainte veuve consentit à chaque proposition avec autant de docilité que si elle n'eût point eu de volonté, et qu'il ne se fût pas agi d'un engagement qui devait durer autant que sa vie. Alors François, charmé de sa soumission, lui communiqua les projets qu'il avait faits pour l'établissement de l'ordre de la Visitation, qu'ils ont institué dans la suite. Elle a avoué depuis qu'elle fut comblée de joie à cette ouverture, et qu'elle sentit un attrait de Dieu si puissant pour cette sainte œuvre, qu'elle ne douta point que ce ne fût sa volonté et qu'il n'y dût donner sa bénédiction.

Cependant, comme elle avait l'esprit excellent, un grand sens et beaucoup d'habileté pour les affaires, elle y prévit de grandes difficultés. En effet, sans compter que tous les nouveaux établissements sont d'ordinaire exposés à de grandes contradictions, quels obstacles n'était-il pas aisé de prévoir même en ce qui concernait madame de Chantal? Un fils unique, jeune et de grande espérance, qui avait besoin de ses soins; trois filles en bas âge, à qui elle n'était pas moins nécessaire; des affaires embarrassées dont elle seule avait une parfaite connaissance; son père et son beau-père fort âgés, que la seule bienséance ne lui permettait pas d'abandonner : comment quitter tout cela pour aller s'établir hors du royaume? D'ailleurs avec quoi fonder cet établissement? quels moyens? quelles ressources? Un évêque dont le revenu était très-modique, aimant les pauvres, obligé par sa position à faire de grandes aumônes; une jeune veuve, riche à la vérité, mais sur le bien de laquelle on avait résolu de ne pas compter. La prudence humaine ne pouvait entrer dans un pareil dessein: aussi le pieux pontife, qui avait tout prévu, ne pouvait s'empêcher de dire : « Je vois bien un chaos à tout ceci ; mais la Providence, devant qui la sagesse des hommes n'est que folie, le saura bien débrouiller quand il en sera temps. »

Pendant le séjour de madame de Chantal à Annecy, la comtesse de Sales, charmée de son mérite, fit dessein de s'unir à elle par des liens plus étroits, et sur cela elle lui fit proposer par le saint prélat le mariage de sa fille aînée avec son autre fils, le baron de Thorens. La sainte veuve fut fort embarrassée à cette proposition : d'un côté, elle souhaitait fort ce mariage et s'en croyait fort honorée ; mais elle prévoyait, de l'autre, de grands obstacles de la part des deux grands-pères de sa fille, et elle était presque persuadée qu'ils ne consentiraient jamais qu'on la mariât hors du royaume : elle en reçut pourtant la proposition avec de grandes marques de joie et de reconnaissance, promit tout ce qui dépendrait d'elle, et fit de son côté une demande à la comtesse de Sales et même au saint prélat, qui était d'emmener à Montelon avec elle la plus jeune des demoiselles de Sales pour l'élever auprès d'elle. Ils y consentirent tous deux ; mais la jeune personne mourut en y arrivant de la manière qu'on l'a raconté à la fin du cinquième livre.

Madame de Chantal profita de cette occasion pour proposer à son père le mariage de sa fille avec le baron de Thorens : il y fit toutes les difficultés qu'elle avait prévues ; mais la sainte veuve lui fit observer avec beaucoup de fermeté qu'après la perte qu'elle venait de causer à la maison de Sales, elle ne croyait pas se pouvoir dispenser de la dé-dommager en lui donnant une de ses filles. Le président goûta cette raison, et consentit au mariage d'autant plus volontiers que c'était une grande alliance, et qu'il aimait et honorait singulièrement l'évêque de Genève. Les parents paternels de mademoiselle de Chantal, entraînés par le consentement du président, agréèrent aussi ce mariage. La sainte veuve en donna avis au vénérable pasteur, qui amena le baron de Thorens, pour faire la recherche de la demoiselle, qui n'avait encore qu'onze ans. Le contrat fut passé, et l'on remit les noces à l'année suivante.

Ce mariage conclu attira les propositions d'un autre : ce fut celui de madame de Chantal même. Un seigneur de Bourgogne fort riche, fort sage et fort bien fait, intime ami du président Frémiot, père de cette dame, la lui demanda. Le président et tous les parents de la pieuse veuve souhaitaient avec passion que cette affaire se fît; elle en fut d'autant plus vivement sollicitée, qu'un double mariage, qu'on prétendait faire entre leurs enfants, aurait mis de grands biens dans leur maison. La tentation était violente; elle avait à combattre son propre cœur. Elle ne put se défendre d'être touchée du mérite de ce seigneur et des grands avantages que ce mariage devait procurer à sa famille; mais Dieu, à qui rien ne résiste quand il veut s'assurer un cœur, fut le maître; et les promesses qu'elle lui avait faites souvent de n'être jamais qu'à lui, l'emportèrent enfin. Le gentilhomme se retira, et la sainte veuve, pour sceller de son sang le vœu qu'elle renouvela de n'écouter jamais de pareilles propositions, eut le courage de graver elle-même sur son cœur, avec un fer chaud, le nom de JÉSUS : action

extraordinaire, plus admirable qu'imitable, mais
qui ne laisse pas d'être la marque d'un grand courage et de la ferme résolution de n'être jamais qu'à
Dieu! Madame de Chantal crut même que, pour
éviter à l'avenir des persécutions semblables à
celles qu'elle venait d'essuyer, et pour ne plus s'exposer elle-même à une pareille recherche, elle
devait s'ouvrir au président son père du projet
qu'elle avait formé avec le saint évêque de Genève,
et de l'intention où elle était de quitter tout à fait le
monde.

L'archevêque de Bourges, son frère, prévenu
par le président du dessein de sa sœur, arriva à
Dijon. Ils se réunirent ensemble et firent un violent
effort sur son esprit.

Quelque déférence qu'elle eût pour l'autorité du
président et pour les lumières de l'archevêque, elle
ne voulut pas renoncer à son projet, et l'on s'en
remit à la décision de l'évêque de Genève. Il arriva
quelque temps après avec le baron de Thorens,
son frère, qui venait épouser mademoiselle de
Chantal. Raffermie dans sa première intention par
les entretiens qu'elle eut en ce temps-là avec le saint
prélat, madame de Chantal pria dès le lendemain
des noces le président son père et son frère l'archevêque de Bourges d'en conférer avec lui. Ils
s'enfermèrent tous les trois pour cela. Une heure
après, ils firent appeler madame de Chantal. Jamais
elle ne fit paraître plus de sagesse et de fermeté :
elle rendit compte de son dessein et de sa conduite; elle fit voir clairement le bon ordre qu'elle
avait mis dans la maison de ses enfants, qu'elle
laissait sans dettes et sans procès; qu'il était juste

qu'ayant vécu si longtemps pour eux, il lui fût permis de vivre enfin pour Dieu et pour elle-même, et qu'on pouvait d'autant moins le lui refuser, que l'état qu'elle voulait embrasser ne l'empêcherait pas de veiller sur leur conduite, et même sur leurs affaires, quand il serait nécessaire. François ajouta que cela lui serait d'autant plus facile, qu'il ne prétendait pas qu'on gardât la clôture dans son nouvel institut; que celles qui s'y engageraient auraient la liberté de sortir pour visiter les malades et assister le prochain dans toutes les occasions où leur charité pourrait lui être de quelque secours; que madame de Chantal, par son engagement, ne serait pas déchargée du soin de ses enfants; que c'était un devoir indispensable dont elle répondrait à Dieu et dont personne ne pouvait la dispenser; qu'elle pourrait même élever ses deux filles cadettes auprès d'elle, et qu'il consentirait toujours qu'elle fît tous les voyages qui seraient nécessaires pour les affaires et l'établissement de ses enfants. Enfin, le vénérable évêque obtint le consentement du président et de l'archevêque.

Cette difficulté levée, il en restait une autre, celle de savoir où l'on établirait la première maison de l'Ordre, dans laquelle madame de Chantal devait demeurer. Le président voulait que ce fût à Dijon, afin de l'avoir plus près de lui; l'archevêque, que ce fût à Autun, pour être plus à portée du bien de ses enfants; mais la sainte veuve fut d'avis que ce fût à Annecy. Elle en donna deux raisons: l'une que, dans les commencements d'un nouvel institut, on aurait continuellement besoin des lumières et des conseils de l'instituteur; l'autre, qu'étant proche

de Thorens, elle en serait plus utile à sa fille nouvellement mariée, qu'elle pourrait la voir plus
souvent, et même la diriger pour ses affaires. Le
saint évêque appuya ces deux raisons, l'archevêque
les trouva plausibles, et le président s'y rendit
enfin en disant avec un grand soupir : « Je vois bien
qu'il faut faire le sacrifice tout entier ; il m'en coû-
tera la vie ; mais, mon Dieu, il ne m'appartient pas
de m'opposer à votre volonté. » On arrêta ensuite
que le départ de madame de Chantal pour Annecy
aurait lieu dans six semaines.

L'évêque de Genève, ayant ainsi réglé toutes
choses, partit pour s'en retourner dans son diocèse,
et madame de Chantal l'accompagna jusqu'à Montelon, qui était une de ses terres. Pendant le court
séjour qu'il y fit, elle le pria un dimanche de faire
une exhortation aux habitants ; il le lui accorda ; et
il le fit si utilement, qu'il convertit un jeune dé-
bauché, qui fut depuis capucin, et mourut dans
cet Ordre, après y avoir donné mille exemples de
vertu.

Pendant le même séjour, mademoiselle de Brechar, d'une bonne maison du Nivernais, qui demeurait dans le voisinage de Montelon, vint voir le
saint évêque, se confessa à lui, et le consulta sur
le dessein qu'elle avait depuis longtemps de se faire
religieuse. François en prit occasion de lui demander
si elle voudrait partager la fortune de madame de
Chantal et être une de ses compagnes. Elle reçut
cette offre avec beaucoup de joie, et il lui promit
une place auprès de cette dame dans le nouvel
établissement.

Dans ce même temps, mademoiselle Faure, fille

du premier président de Savoie, fut inspirée dans un bal de quitter le monde ; dès que le saint prélat fut de retour, elle se mit sous sa direction, et lui fit connaître sa résolution : il l'approuva, et jugea même qu'elle pouvait être aussi une des compagnes de madame de Chantal. Une autre demoiselle de Savoie, nommée Chatel, qui était alors en Allemagne, fut touchée de Dieu dans ce même temps, et résolut à son retour de se mettre sous la conduite du saint évêque ; elle le fit, et fut encore jugée digne d'aider madame de Chantal à fonder l'Ordre de la Visitation. Mademoiselle Fichet du Faucigni fut aussi appelée d'une manière extraordinaire, et fut la quatrième que Dieu joignit à madame de Chantal. Mademoiselle de Blosnay, née dans le Chablais, fut la cinquième. Le saint prélat avait pour elle une estime particulière. Ce fut elle qui succéda à madame de Chantal dans la supériorité du premier monastère d'Annecy.

Pendant que Dieu préparait ainsi des personnes choisies pour l'exécution de ses desseins, le temps dont on était convenu pour le départ de madame de Chantal arriva. Tout était prêt pour le voyage, lorsque le président son père lui témoigna qu'il n'avait encore pu se résoudre à se séparer d'elle, et qu'il la priait de différer son départ jusque après Pâques de l'année suivante ; elle le lui accorda, ne croyant pas devoir refuser cette consolation à un père âgé, et qui avait besoin d'un long temps pour se déterminer à une si dure séparation.

Au temps prescrit, le baron de Thorens arriva pour prendre sa femme et conduire sa belle-mère à Annecy. Il ne restait plus à la sainte veuve, pour

partir, qu'à faire rentrer une somme considérable
due à feu son mari; mais comme on la lui disputait,
elle aima mieux la remplacer à ses enfants sur ce
qui lui était dû personnellement, que de différer
son départ. Cette générosité l'incommoda beaucoup; et il lui resta si peu de chose, que ses biens
ne furent pas d'un grand secours pour l'établissement de l'Ordre dont elle devait être la mère.
Une conduite si désintéressée lui fit d'autant plus
d'honneur et à son saint directeur, qu'il est rare
qu'on s'oublie soi-même dans des occasions aussi
pressantes; mais l'Ordre de la Visitation devait
être fondé sur l'esprit de désintéressement, sur un
parfait abandon à la Providence; et d'ailleurs le
saint prélat n'approuvait point ces établissements
qui se font aux dépens des familles. Il se piquait
d'avoir les mains nettes, et ne s'accommodait point
de ces directions lucratives qui déshonorent en
même temps le directeur et les personnes dirigées,
et dont le contre-coup porte contre la religion et
rend la dévotion suspecte.

Tous les obstacles étant ainsi levés, madame de
Chantal alla prendre congé du baron son beau-père.
Nonobstant les mauvais traitements qu'elle avait
reçus de lui, elle se jeta à ses pieds, lui demanda
pardon si elle lui avait déplu, le priant de lui
donner sa bénédiction, et lui recommandant son
fils. Ce vieillard, âgé de quatre-vingt-six ans, qui
sentait qu'elle eût eu le droit de lui faire bien des
reproches, admira sa vertu, parut inconsolable,
l'embrassa tendrement, et lui souhaita tout le
bonheur qu'elle méritait. Dans toutes ses terres ce
fut une véritable désolation : il n'y eut personne

qui ne crût perdre en elle une mère, un appui, une ressource dans tous ses besoins; les pauvres surtout témoignèrent leur affliction par leurs larmes et par tout ce qui peut exprimer la plus vive douleur. Elle leur dit à tous adieu, leur fit une exhortation, les embrassa, se recommanda à leurs prières, et partit pour Autun, emmenant avec elle monsieur et madame de Thorens, mademoiselle de Chantal sa fille, mademoiselle de Brechar, et le jeune de Chantal son fils, âgé de quatorze à quinze ans. Quant à sa troisième fille, elle était morte depuis peu.

Madame de Chantal, étant arrivée à Dijon, crut devoir se munir du pain des forts contre les assauts que la tendresse et la compassion allaient lui livrer au moment de se séparer des personnes qui lui étaient les plus chères : elle n'était pas de ces femmes dures qui ont étouffé tous les sentiments de la nature, ou qui ne les ont jamais ressentis; elle savait que la grâce se contente de les régler sans les condamner. Elle était fille, elle était mère; elle ressentait pour un père qui l'avait toujours uniquement aimée tout ce que la plus tendre reconnaissance peut inspirer, et elle avait pour ses enfants tout l'amour dont le cœur d'une bonne mère est capable; ils le méritaient par leurs rares et précieuses qualités; ils avaient toujours été élevés sous ses yeux; elle avait eu soin de les former elle-même à la vertu. On ne rompt pas de pareils engagements sans se faire une extrême violence; tout se révolte, tout se soulève au fond du cœur. Qu'il en coûte dans ces occasions, et que de pareils sacrifices sont difficiles à résoudre, et plus encore à exécuter !

Le premier objet qui se présenta à elle en entrant chez le président son père, fut son fils unique tout en larmes, qui vint se jeter à son cou; il la tint longtemps embrassée, et fit et dit en cet état tout ce qu'on peut dire et faire de plus capable d'attendrir et d'émouvoir. Cette vertueuse mère reçut ses caresses avec sa tendresse ordinaire; elle eut la force de le consoler, elle essuya ses larmes, prête elle-même à en répandre; mais, quoique accablée de douleur, elle put passer outre, pour aller prendre congé de son père. Son fils fit de nouveaux efforts pour la retenir; et, ne pouvant y réussir, il se coucha au travers de la porte par où elle devait sortir. « Je suis trop faible, madame, lui dit-il, pour vous arrêter; mais au moins sera-t-il dit que vous aurez passé sur le corps de votre fils unique pour l'abandonner. » Un spectacle si touchant l'arrêta; ses larmes, jusque-là retenues, coulèrent en abondance; mais la grâce fut plus forte que la nature, et l'emporta. Madame de Chantal alla se jeter aux pieds de son père, le suppliant de la bénir et d'avoir soin du fils qu'elle lui laissait.

Quelque temps qu'eût eu le président pour se préparer à cette triste séparation, il n'avait encore pu s'y résoudre; il reçut sa fille les larmes aux yeux et le cœur serré de douleur; il l'embrassa, et levant au ciel ses yeux tout baignés de larmes : « O mon Dieu, dit-il, quel sacrifice me demandez-vous ! Mais vous le voulez, je vous l'offre donc

cette chère enfant ; recevez-la et me consolez. »
Ensuite il la bénit, et la releva ; mais il n'eut pas
la force de l'accompagner. Elle sortit seule de sa
chambre, et trouva une grande compagnie qui
l'attendait : parents, amis, domestiques, tous fon-
daient en larmes. Ce fut un autre combat à soutenir ; mais elle le soutint avec tant de fermeté,
que s'étant rappelée qu'on lui avait vu répandre
des larmes, et appréhendant qu'on n'attribuât sa
douleur au repentir de son entreprise, elle se
tourna vers la compagnie, et lui dit avec un visage
serein : « Il me faut pardonner ma faiblesse ; je
quitte mon père et mon fils pour jamais ; mais je
trouverai Dieu partout. » Elle partit ensuite, et
arriva heureusement à Annecy, accompagnée du
saint évêque et des personnages les plus considérables de la ville qui l'étaient allés prendre à
deux lieues de là. Elle conféra pendant quelques
jours, avec son pieux directeur, des moyens les
plus propres pour exécuter au plus tôt leur entreprise, après lesquels elle mena madame de Thorens
chez son mari, et y demeura tout le temps qu'on
jugea nécessaire pour apprendre à la nouvelle
mariée à conduire ses affaires et son ménage.

Dès que madame de Chantal fut de retour à
Annecy, les demoiselles Faure et de Brechar, qui
s'y étaient rendues, la vinrent prier de les recevoir
pour ses premières religieuses. Elle le leur accorda
sur le témoignage du saint prélat, qui leur avait
déjà donné son approbation. Tout avait été préparé
pour la fête de la Pentecôte, jour auquel on
avait projeté de faire l'établissement, mais on fut
obligé de le retarder. Une dame qui avait donné

parole au prélat de se joindre à madame de Chantal, et qui avait fait le marché de la maison où l'on devait se réunir, se dédit, étonnée qu'elle fut par la grandeur de l'entreprise. Elle consulta la prudence humaine, qui avait été fort peu écoutée dans le projet dont il s'agissait : la confiance en Dieu, l'abandon à sa providence ne se trouvèrent point de son goût. Ce fut une marque de la protection de Dieu, de ce que cette dame ne s'engagea pas; l'inconstance de son esprit aurait plus tard sans doute causé de grands embarras : il ne fallait dans ces commencements que des âmes fortes et épurées, capables de résister aux contradictions des hommes, sans vues et sans retour pour le monde, prêtes à tout entreprendre pour la gloire de Dieu.

Madame de Chantal donna dans cette occasion un exemple bien contraire de son dégagement des biens de la terre. Quoiqu'elle n'eût pas encore fait vœu de pauvreté, et qu'on n'eût même pas l'intention de la comprendre dans les premiers vœux des filles de la Visitation, elle crut dans ces commencements devoir donner à ses proches une nouvelle preuve de son désintéressement, et à ses religieuses un grand exemple d'un parfait dénûment. Elle consulta sur cela le saint prélat; et, comme il était l'homme du monde le plus désintéressé, quoiqu'il se trouvât sans ressource pour son nouvel établissement, il approuva qu'elle se dépouillât de tout son bien, et même de son douaire, en faveur de ses enfants, et qu'elle se contentât d'une pension que l'archevêque de Bourges son frère lui assura.

Cependant, comme les difficultés encourageaient plutôt qu'elles ne rebutaient François, lorsqu'il s'agissait de la gloire de Dieu, il prit pour son compte le marché que la dame avait fait de la maison dont on a parlé ; il y fit construire une chapelle et les lieux réguliers nécessaires à une communauté, et disposa tout pour que la cérémonie de la fondation pût être célébrée le jour de la sainte Trinité.

Ce fut donc le 6 juin 1610, jour de la fête de la sainte Trinité et de la fête de saint Claude, qui se rencontraient cette année ce jour-là, que madame de Chantal et mesdemoiselles Faure et de Brechar, sous la conduite de saint François de Sales, commencèrent l'établissement de l'Ordre de la Visitation : institut nouveau, mais infiniment utile au public par l'admission des veuves et des infirmes ; parce qu'on ne cherche point dans les sujets que l'on admet le bien ni la naissance, mais qu'on est uniquement guidé par la seule considération de la vertu et d'une vocation inspirée par Dieu.

Le pieux évêque, après avoir confessé ces trois dames et leur avoir donné la sainte communion, leur remit des règles pleines de sagesse et de douceur, qu'il avait composées pour elles, et leur fit une exhortation sur la fidélité avec laquelle elles devaient les pratiquer. Il leur fit sentir combien il était heureux pour elles de mépriser le monde, et quel serait leur bonheur d'être tout à Dieu ; et il leur promit la paix du cœur, cette paix que Dieu seul peut donner.

La douceur et la sainteté de leurs mœurs, la simplicité chrétienne, la parfaite charité qui ré-

gnaient parmi elles, attirèrent en peu de temps à
un genre de vie si parfait un grand nombre de
saintes filles, qui avaient le courage de quitter le
monde; mais non la force de supporter de grandes
austérités corporelles. Madame de Chantal, dans
le cours de la seule année de son noviciat, ne
reçut pas moins de dix filles, nombre considérable
pour un institut qui ne faisait que de naître et qu'on
ne pouvait même pas dire formé.

Le temps de la profession de madame de Chantal
étant arrivé, elle écrivit au vénérable évêque qui
était alors à Sales, pour lui témoigner la sainte
impatience où elle était d'achever son sacrifice et
de se donner à Dieu sans retour. Le saint prélat
fut si touché de sa lettre qu'il quitta tout pour
venir l'examiner avec ses deux compagnes, et il
les reçut à la profession.

Fort peu de temps après, le président Frémiot,
père de la mère de Chantal, mourut à Dijon.
François de Sales, qui perdait en lui un de ses
plus chers amis, en apprit lui-même la nouvelle
à cette bonne mère. L'état où se trouvait par cette
mort le jeune de Chantal son fils, gentilhomme
d'une grande espérance, qu'elle avait laissé chez
son père en quittant le monde, fit juger au saint
prélat qu'elle ne pouvait pas se dispenser de faire
un voyage en Bourgogne. Elle obéit et partit aussitôt accompagnée de la mère Faure et du baron
de Thorens son gendre. Pendant quatre mois que
dura ce voyage, elle mit ordre aux affaires de sa
famille avec une prudence qui fut admirée de tout
le monde, et donna un gouverneur à son fils, qu'elle
mit à l'académie, puis elle retourna à Annecy.

Aussitôt qu'elle y fut rentrée, elle reprit ses exercices de piété et de charité envers le prochain avec une nouvelle ferveur. Outre les pratiques intérieures et domestiques, elle allait tous les jours elle-même, avec une ou deux de ses compagnes, visiter les malades, les soulager et les servir avec un zèle qui ne peut être inspiré que par la charité la plus ardente. Rien n'était capable de la rebuter, ni les maladies les plus dégoûtantes et les plus contagieuses, ni le chagrin et la mauvaise humeur des malades, ni le danger auquel elle s'exposait. Ses saintes compagnes la secondaient avec un zèle qui ne le cédait qu'au sien : il y avait entre elles une sainte émulation à se charger des emplois les plus bas, les plus pénibles et même les plus répugnants à la nature. La mère de Chantal ne paraissait supérieure que dans ces occasions ; partout ailleurs douce, humble, et toujours prête à céder, elle ne voulait l'emporter que lorsqu'il y avait le plus de peine ou de danger. Le pieux évêque, bien loin d'exciter son zèle, n'était occupé qu'à le retenir : comme elle regardait Jésus-Christ dans les pauvres, elle croyait qu'elle n'en faisait jamais assez pour leur soulagement.

Tant de travail du corps et de l'esprit épuisèrent enfin la santé de la mère de Chantal ; la nature succomba sous des fatigues qui auraient accablé les plus robustes ; elle tomba dangereusement malade, et Dieu permit que ce saint Ordre, qui devait être ouvert aux infirmes, eût pour fondatrice une personne qui, par sa propre expérience, pût compatir aux infirmités de ses religieuses, et les former, par son exemple, à la compassion

et à la charité, si nécessaires pour le soulagement
des malades. Elle souffrit longtemps des maux
si violents et si inconnus, que les remèdes, bien
loin de la soulager, ne servaient qu'à les augmenter. François, qui la regardait comme le soutien de
son Ordre, surtout dans les commencements, n'oublia rien de ce qui pouvait lui rendre la santé. On
appela de tous côtés les médecins les plus habiles,
mais bien loin de pouvoir guérir son mal, à peine
en connaissaient-ils la cause. Dans cet état, tous
les secours humains étant inutiles, et ayant même
cessé, Dieu, qui blesse et qui guérit, qui ôte et
qui rend la vie, quand il lui plaît, lui redonna la
santé : la convalescence fut longue; mais enfin la
mère de Chantal recouvra entièrement ses forces.

Dès qu'elle se vit en état d'agir, elle pensa à
changer de maison. Le nombre de ses filles était
augmenté au point que la première ne suffisait
plus pour les loger. Tout semblait devoir favoriser
son dessein : les grands et nombreux services
qu'elle et ses compagnes rendaient au public
devaient le lui rendre favorable; mais il arrive
souvent, par une espèce de fatalité dont il serait
assez difficile de rendre raison, que les entreprises
les plus utiles sont les plus traversées. Dieu le
permet ainsi pour faire voir qu'il n'y a ni force, ni
sagesse, ni obstacle qui puisse empêcher l'exé-
-cution de ses desseins.

Le vénérable pontife et la mère de Chantal eurent
à essuyer dans cette occasion l'opposition du public
et des particuliers; le prince même leur fut contraire:
tout le monde se souleva contre eux; et comme il
écrivit lui-même à un de ses amis, ils eurent à

souffrir des indignités cruelles. La patience et la
prudence du saint prélat surmontèrent tous les
obstacles, et il eut enfin la satisfaction de voir
commencer et achever le premier monastère d'Annecy.

Dès lors la réputation des filles de la Visitation
se répandit partout : la haute opinion que l'on
avait de la sainteté et des lumières du fondateur,
de la fondatrice et des religieuses formées par leurs
soins, portait les villes à l'envi à en demander
et à promettre, pour en obtenir plus facilement,
de leur bâtir des maisons. Il n'était pas possible,
dans ces commencements, de satisfaire à tant de
demandes; c'eût été ruiner le dedans, ou du moins
l'affaiblir inconsidérément, que de former tout de
suite plusieurs établissements au dehors. « Donnons
de notre abondance, disait le pieux évêque à cette
occasion, mais prenons garde qu'on ne tarisse la
source en la partageant ainsi en tant de ruisseaux,
avant qu'elle ait eu le temps de se bien remplir. »

Il ne put cependant refuser le cardinal de Marquemont, archevêque de Lyon, prélat d'un rare
mérite et son intime ami, qui souhaita d'avoir
dans cette ville une maison de la Visitation : il en
écrivit à François, et lui demanda avec tant d'instance, que celui-ci ne put se dispenser de le
lui accorder. Le cardinal envoya aussitôt un carrosse, avec un de ses aumôniers, pour prendre
la mère de Chantal. Elle partit d'Annecy, le 25
janvier 1615, malgré le froid et sa faible santé,
accompagnée des mères Faure, de Chatel, de
Blosnay, et arriva à Lyon le 1er février, veille de
la Purification.

Le cardinal alla, dès le jour même, voir la mère de Chantal ; après lui avoir donné mille marques de l'estime et de la considération qu'il avait pour elle, il prit heure pour faire lui-même le lendemain la cérémonie de leur fondation, et il la fit avec toute la solennité possible. Au bout de neuf mois elle établit la mère Faure pour supérieure, et la mère de Blosnay pour assistante et maîtresse des novices, et retourna à Annecy.

Jusqu'ici l'Ordre de la Visitation n'avait pas eu la forme qu'il a aujourd'hui ; car on n'y faisait que des vœux simples, et l'habit n'était différent de celui des femmes du monde que par sa simplicité et son extrême modestie : on n'y gardait point la clôture ; le dedans de la maison même n'était pas tout à fait réglé comme il l'est aujourd'hui ; enfin l'institut ne portait pas encore de titre de religion, mais de simple congrégation.

Le cardinal de Marquemont, quoique plein d'estime pour le fondateur et la fondatrice, fut le premier qui crut qu'il fallait changer quelque chose à la première forme de l'institut ; il appréhenda qu'après leur mort il ne déchût de sa première ferveur. Sur cela il en écrivit à François et à la mère de Chantal.

Quelque déférence qu'eût le saint prélat pour le sentiment d'autrui, et en particulier pour ceux du cardinal, il ne put d'abord goûter la proposition qu'il lui faisait : la visite des malades et des affligés, le soulagement des pauvres, les œuvres extérieures de charité lui parurent si essentiels à l'Ordre de la Visitation, qu'il crut que ce serait le détruire que d'ôter à ses filles la liberté de les pratiquer, en leur ordonnant la clôture. Il en écrivit en ce sens au cardinal.

Le cardinal, ayant reçu sa réponse, jugea qu'il avancerait plus par une conférence avec le saint prélat, qu'il ne ferait par toutes les lettres qu'il lui pourrait écrire. Dans cette vue il alla le trouver à Annecy; ils eurent ensemble plusieurs conférences où la mère de Chantal fut souvent en tiers; à la fin, le pieux évêque se rendit, et consentit que la congrégation de la Visitation fut érigée en titre de religion. En conséquence de cette résolution, le cardinal jugea qu'on devait choisir une des règles approuvées dans l'Église, et dresser des constitutions que l'Ordre de la Visitation s'engagerait à suivre exactement, et qui règleraient toutes choses jusqu'aux moindres pratiques; et il se chargea de les faire approuver par le Saint-Siége.

L'approbation de Rome suivit de près celle que le nouvel institut de la Visitation avait reçue en France et en Savoie. Paul V, qui estimait infiniment le saint prélat, confirma cet Ordre avec de grands éloges; il érigea la congrégation de la Visitation en titre d'Ordre de religion, sous la règle de saint Augustin, et lui accorda tous les priviléges dont les autres Ordres ont coutume de jouir.

Ce changement arrivé dans l'institut de la Visitation, bien loin d'en arrêter le progrès, ne servit qu'à l'augmenter. Pendant le peu d'années que François vécut depuis l'érection de l'Ordre en titre de religion, il vit jusqu'à treize monastères bien établis à Annecy, Lyon, Moulins, Grenoble, Bourges, Paris, Orléans, Dijon, et en plusieurs autres des principales villes du royaume. Dieu multipliant ses bénédictions depuis sa mort, la mère de Chantal, sa sainte et fidèle coopératrice, qui lui survécut environ dix-neuf ans, en fonda jusqu'à quatre-vingt-sept, en y comprenant ceux dont on vient de parler. Depuis ce temps, le nombre des monastères s'est augmenté jusqu'à plus de cent cinquante; l'Ordre même, renfermé pendant plusieurs années dans la France et dans la Savoie, s'est étendu depuis dans l'Italie, le royaume de Naples, l'Allemagne et la Pologne.

Pendant qu'il faisait les progrès dont on vient de parler, le saint prélat dans la vue de sa mort prochaine, dont Dieu lui avait donné la connaissance, sans rien changer dans sa conduite ordinaire, redoubla ses charités et ses aumônes. Il visitait plus souvent qu'à l'ordinaire les hôpitaux, les prisons, les maisons religieuses, les malades; il avait des notes exactes de tous leurs besoins; il leur envoyait des remèdes, faisait apprêter les viandes qui leur étaient nécessaires, les servait lui-même, et, quand il était obligé de s'absenter, ou il leur laissait de l'argent, ou il donnait de si bons ordres que rien ne leur manquait. Il assistait de la même manière les pauvres prêtres de son diocèse, et plusieurs gentilshommes ruinés dont il faisait élever les enfants, payant leurs pensions, et n'épargnant rien pour leur donner une éducation chrétienne et conforme à leur naissance.

Les pauvres honteux n'étaient pas ceux qui avaient la moindre part à ses charités. Il était également touché de leur misère et de la honte qui en est comme inséparable. C'était son soin particulier; il ne s'en rapportait qu'à lui-même,

et gardait dans ces occasions un secret impéné-
trable. Quand les années étaient stériles, il faisait
de grandes provisions de grains, qu'il tirait de
loin, pour le faire donner à bon marché à ceux
qui en pouvaient acheter, et gratuitement à ceux
qui n'en avaient pas le moyen. Sa charité s'étendait jusqu'à ses ennemis : il ne se contentait pas
de ne leur pas nuire, il leur rendait toutes sortes
de bons offices. Un gentilhomme dont il savait qu'il
était haï, et qui n'avait rien épargné pour le
décrier par des calomnies secrètes, se trouvant
ruiné par une mauvaise affaire, il le prévint, le
retira chez lui, le nourrit pendant six semaines,
et lui donna enfin une somme considérable qu'il
avait empruntée et qui rétablit ses affaires.

Il assistait les hérétiques mêmes dans leurs
besoins : cette charité sans bornes qui remplissait
son cœur, ne lui permettait pas de les voir dans
la nécessité sans les secourir.

Pendant que François pratiquait comme à l'envi
toutes les vertus chrétiennes et apostoliques, et
que, la grâce prenant de nouvelles forces dans
son cœur, il se dégageait tous les jours de plus en
plus des choses de la terre pour ne vivre plus que
pour Dieu, son corps s'affaiblissait. Ce tempérament autrefois si robuste, mais si peu ménagé,
succombait insensiblement sous le poids des travaux
dont il avait été surchargé ; et l'heure approchait
où le juste Juge se préparait à lui donner la couronne de justice, et à le récompenser pour avoir
fait un si saint usage des dons précieux qu'il avait
reçus de Dieu.

La connaissance anticipée que Dieu avait donnée

au saint pontife de sa mort prochaine, ne produisit aucun changement dans sa conduite; car il avait vécu de la même manière que si chaque jour eût dû être le dernier de sa vie. On remarqua seulement qu'il se renfermait plus souvent qu'à l'ordinaire avec l'évêque de Chalcédoine, son frère et son coadjuteur. L'assiduité avec laquelle il s'appliquait à ce travail faisant craindre qu'il ne nuisît à sa santé, l'évêque de Chalcédoine crut le devoir représenter à son frère; mais celui-ci, incapable de se ménager lorsqu'il s'agissait du devoir de sa charge, lui répondit avec sa douceur ordinaire : « Au contraire, dépêchons-nous; car le jour baisse et la nuit approche. » Ces paroles, que l'évêque de Chalcédoine regarda comme une prédiction de sa mort prochaine, ainsi qu'elles l'étaient en effet, l'affligèrent jusqu'à lui faire répandre des larmes. Le pieux évêque, s'en étant aperçu, lui dit, en l'embrassant tendrement : « Réprimez ces larmes, mon cher frère, si messéantes à un chrétien; et encore plus messéantes à un évêque; il n'appartient qu'à des infidèles, qui n'ont point de part à une meilleure vie, de s'affliger de la perte de celle-ci. »

Ils s'occupaient de la sorte, interrompant souvent leur travail par des entretiens pleins de piété, lorsque le saint prélat reçut une lettre du duc de Savoie. Il lui mandait de venir le joindre à Avignon, où il devait se rendre pour saluer le roi Louis XIII, qui venait de réduire à son obéissance les huguenots du Languedoc. Le prince et la princesse de Piémont, sœur du roi, devaient être de la partie; ils avaient souhaité que l'évêque de Genève s'y trouvât pour y faire sa charge de premier aumônier, et pour leur donner ses conseils dans plusieurs affaires qu'ils avaient à ménager. Le mauvais état de sa santé ne lui permettant guère de faire ce voyage, l'évêque de Chalcédoine était d'avis qu'il s'en excusât, et il lui offrit même d'en écrire au duc; mais le vénérable pontife fut d'un sentiment contraire. N'ayant plus que quelques jours pour se préparer à son voyage, il commença par faire son testament, et disposa toutes choses comme s'il eût été à la veille de sa mort. Il ne le put faire si secrètement que le bruit ne s'en répandît. Il parut dans cette occasion combien il était aimé de son peuple : l'opinion de sa mort prochaine causa partout une consternation générale. Il ne sortait plus qu'il ne se vît environné d'une foule du peuple; les ouvriers mêmes quittaient leur travail pour lui venir demander sa bénédiction. Le saint prélat ne se contentait pas de la leur donner ; il s'arrêtait presque à chaque pas, il disait à l'un quelques mots de consolation, il donnait à l'autre quelques avis sur la patience ; il faisait l'aumône à ceux qui la lui demandaient, et il les exhortait tous à aimer et servir Dieu de la manière qui convenait à chacun dans son état. Les enfants mêmes sentaient l'impression de sa sainteté; et l'on en a vu souvent entre les bras de leurs nourrices, témoigner l'impatience qu'ils avaient qu'on les approchât de lui. Sa bonté ne lui permettait pas de passer outre; il s'arrêtait pour un enfant comme il eût fait pour la personne du monde la plus raisonnable. Il leur faisait le signe de la croix sur la poitrine, sur le front, sur la bouche ou sur les yeux.

La veille de son départ, il alla de bon matin voir ses chères filles de la Visitation, leur fit son dernier adieu, les bénit, et les laissa pénétrées d'affliction. Ensuite il monta en chaire pour prendre congé de son peuple. Le sermon fut touchant, vif, plein d'onction; mais ayant fini son discours en disant qu'il ne les reverrait plus, et qu'il les conjurait de prier Dieu qu'il eût pitié de son âme, tout l'auditoire fondit en larmes, et il n'y eut personne qui ne donnât des marques de la plus vive douleur.

Le jour du départ étant arrivé, vers la mi-novembre 1622, il sortit d'Annecy accompagné de l'évêque de Chalcédoine, des principaux du clergé et de la ville, qui l'accompagnèrent jusqu'à Seyssel. Ce fut en ce lieu où ils devaient se séparer, qu'après les avoir remerciés avec des paroles pleines de tendresse, il se mit à genoux; et, levant les yeux et les mains au ciel, il fit sa prière à Dieu, et lui demanda, avec une dévotion qui tira les larmes des yeux de tous ceux qui l'accompagnaient, qu'il lui plût de conserver le peuple qu'il lui avait confié, et d'en être lui-même le pasteur; de réparer par l'abondance de ses grâces les fautes qu'il avait commises, ou par sa négligence, ou par son peu de capacité; et il finit sa prière par les mêmes paroles que Jésus-Christ adressa à son Père : « Père saint, je vous prie pour ceux que vous m'avez donnés, parce qu'ils sont à vous. Conservez-les pour la gloire de votre nom. » Puis, ayant donné sa bénédiction à tous ceux qui étaient présents, en demandant à Dieu que lui-même les bénît, il les embrassa, et se recommanda à leurs prières : ensuite il s'embarqua sur le Rhône par un temps froid dont il fut fort incommodé. Ses gens étaient d'avis qu'il s'arrêtât à Lyon pour s'y reposer quelques jours; mais il voulut passer outre.

Il parut dans ce voyage combien la réputation de sa sainteté était répandue partout. Il y eut des villes où le clergé vint le recevoir en procession à la descente du bateau, d'où on le conduisit à l'église, et on chanta le *Te Deum*. Comme son humilité ne s'accommodait point de ces honneurs, il cacha les marques de sa dignité, et défendit qu'on le nommât. Il arriva ainsi à Avignon sans être connu, la veille de la superbe entrée qu'y fit le roi très-chrétien au retour de la prise de Montpellier.

Dès que le vice-légat eut appris l'arrivée de l'évêque de Genève, il alla le visiter, et lui rendit partout de grands honneurs. La cour de France en usa de même; et lorsqu'il vint saluer le roi, il en reçut des marques d'une estime si particulière, qu'à l'exemple du prince il n'y eut personne qui ne lui témoignât toute la considération due à son caractère et à ses vertus.

On attendait encore le duc de Savoie, lorsque le prince cardinal son fils arriva. On sut de lui que, la saison étant trop avancée pour passer les monts, le duc ne ferait point le voyage dont on a parlé; il fit ses excuses au roi, et l'assura que le prince et la princesse de Piémont se rendraient à Lyon pour y saluer Sa Majesté. La cour partit quelques jours après, et le saint prélat accompagna le cardinal, qui avait ordre du duc son père de ne point quitter Sa Majesté.

A son arrivée à Lyon, il trouva plusieurs per-

sonnes de marque qui l'attendaient pour le loger ;
M. Ollier, intendant de la province, qui demeurait
proche le monastère de la Visitation, lui offrit un
appartement commode. Les Pères Jésuites lui vinrent offrir aussi leur maison de Saint-Joseph ; mais
le pieux pontife leur répondit à tous qu'ayant prévu
la difficulté qu'il y aurait à se loger, les deux cours
de France et de Savoie étant à Lyon, il y avait
pourvu, et qu'il connaissait un logement assez
commode pour lui, qui ne lui pouvait manquer. On
le crut ; mais on fut bien surpris lorsqu'on apprit
qu'il n'avait point d'autre logis que la chambre du
jardinier de la Visitation. Les instances recommencèrent pour lui faire accepter un logement plus
conforme à sa dignité ; mais le saint prélat, qui
n'était jamais mieux que lorsqu'il pouvait imiter la
pauvreté de Jésus-Christ, parut si résolu à ne point
quitter cette demeure, qu'on fut contraint de l'y
laisser. Ce qu'il y avait encore de digne de remarque, c'est que ses gens étaient beaucoup mieux
logés que lui. Il avait toujours coutume d'en user
ainsi : lorsque les choses dépendaient de lui, il
prenait toujours l'appartement le moins commode
et le moins beau ; il le voulait si absolument que ses
gens étaient obligés de céder.

Le premier soin du saint prélat, quand il fut à
Lyon, fut d'aller rendre ses devoirs à Leurs Majestés,
au prince et à la princesse de Piémont et aux amis
qu'il avait dans les deux cours. Le roi très-chrétien
avait hérité de l'estime et de l'affection que le grand
Henri son père avait eue pour lui : les reines Marie
de Médicis et Anne d'Autriche en faisaient un cas
tout particulier ; leurs sentiments pour lui allaient

jusqu'à la vénération ; le prince et la princesse de Piémont ne leur cédaient en rien, et les deux cours, comme à l'envi, rendaient justice à cette sainteté éminente qui éclatait malgré lui dans toutes ses actions. Tant d'attraits qui semblaient le devoir attacher au monde, ne servaient au contraire qu'à lui en donner du dégoût : toujours en garde contre tout ce qui aurait pu corrompre sa vertu, dès qu'il avait satisfait aux devoirs de sa charge, à ce que la charité et la bienséance demandaient de lui, il se retirait avec ses chères filles de la Visitation, et se pressait d'autant plus de les former à la perfection, qu'il savait que sa mort approchait, et que dans peu de temps il ne pourrait plus les aider que de ses prières.

Il était occupé de la sorte, lorsque les Pères Jésuites le vinrent prier de prêcher le second dimanche de l'Avent dans leur église du grand collége ; il le leur accorda, et il le fit avec un zèle qui fit bien voir que la grâce ne se sent point des faiblesses de la nature. Comme il retournait chez lui après cette prédication, il rencontra un gentilhomme qui avait été fort riche, mais que le jeu et les débauches avaient réduit à une extrême pauvreté. Ce malheureux lui demanda l'aumône, et le saint prélat la lui donna si largement que cet homme tout surpris le suivit longtemps en lui faisant de grands remercîments, et en lui répétant souvent qu'il ne cesserait de prier Dieu de le lui rendre au centuple. « Vous me ferez plaisir, lui dit le pieux évêque ; mais dépêchez-vous de me procurer un si grand bien, car dans peu de temps vous et moi nous n'aurons plus besoin de rien. » C'était prédire bien clairement la mort du gentilhomme et la sienne. François ne passa pas le mois, et le gentilhomme le suivit de très-près.

La veille de Noël, il fut prié par la reine mère de faire élever en son nom la croix des Pères Récollets; il le fit, et prêcha avec beaucoup de zèle sur la naissance de Jésus-Christ. Le lendemain il confessa le prince et la princesse de Piémont, leur dit la messe, et leur donna la sainte communion : l'après-midi, il donna l'habit à deux filles de la Visitation, prêcha sur le mystère du jour, et eut plusieurs entretiens de piété avec la communauté.

Le jour suivant, il s'aperçut que sa vue et ses forces diminuaient ; il ne laissa pas de dire la messe, après laquelle il rencontra le duc de Bellegrade et le marquis d'Alincourt, qui l'entretinrent longtemps à l'air qui était très-froid, ce qui augmenta son incommodité. Il alla de là chez le duc de Nemours pour remettre bien dans son esprit des officiers de son duché de Genevois, qui en avaient mal usé avec lui. Ce prince en était fort mécontent, et il avait résolu de leur ôter leurs charges ; mais la colère où il était contre eux ne l'empêcha pas de remarquer l'empressement avec lequel le saint prélat s'employait pour eux ; il l'admira, et ne put s'empêcher de lui dire plusieurs fois qu'après les mauvais traitements qu'ils lui avaient faits, ils ne méritaient pas la bonté qu'il avait de parler pour eux. François n'en rabattit rien de ses sollicitations, et le duc qui ne lui pouvait rien refuser, lui accorda enfin tout ce qu'il voulut pour ces gens qui le méritaien si peu.

Comme il devait partir ce jour-là même, il alla encore chez le prince de Piémont pour prendre congé de Leurs Altesses royales, et terminer quelques affaires qui intéressaient son Église. De là il s'en retourna chez lui, mais fort fatigué. Comme on lui présenta ses bottes, il les refusa d'abord : son valet de chambre les lui ayant rapportées un moment après : « Il les faut prendre, lui dit-il, puisque vous le voulez ; mais nous n'irons pas loin. » Il écrivit ensuite quelques lettres de recommandation qu'on lui avait demandées, et reçut la visite de plusieurs personnes qui venaient prendre congé de lui. Ses domestiques ayant remarqué que, contre sa coutume, il ne reconduisait pas les visiteurs, jugèrent qu'il se trouvait mal ; en effet il était si abattu qu'ils le mirent au lit, et que quelque temps après il tomba dans l'apoplexie dont il mourut.

Aussitôt qu'on eut appris dans Lyon que le saint prélat était dangereusement malade, on accourut en foule pour les visiter. Les Pères Jésuites de Saint-Joseph furent les premiers qui lui rendirent ce devoir de charité. Dès que le saint évêque eut aperçu le supérieur accompagné du frère apothicaire qui avait apporté des remèdes, et qui s'empressait pour le soulager : « Vous me voyez, lui dit-il, mon Père, dans un état où je n'ai plus besoin que de la miséricorde de Dieu, et où j'attends tout de sa bonté. » Le Père lui ayant répondu que Dieu n'abandonnait jamais les siens, et lui ayant demandé s'il se soumettait à la volonté de Dieu, dans le cas où le Seigneur aurait résolu de l'appeler à lui : « Je n'ai jamais eu, répondit le vénérable évêque, d'autre volonté que la sienne ; il est le maître, il peut faire de moi tout ce qu'il

lui plaira. » Il demanda ensuite à faire sa profession de foi, et la fit avec de grands sentiments
de piété, priant tous ceux qui étaient présents de
lui servir de témoins comme il avait toujours vécu
et mourait dans la religion catholique.

Son mal augmentait sans cesse ; il craignait de
perdre cette présence d'esprit si nécessaire pour
recevoir les sacrements avec la décence et la dévotion qui leur est due, et, pour cette raison, il
demanda qu'on lui administrât tout de suite le sacrement de l'extrême-onction, ses fréquents vomisse-
ments ne lui permettant pas de recevoir le viatique.
Les médecins, qui n'avaient point de temps à perdre
pour lui faire des remèdes, s'y opposèrent, et dirent qu'ils avertiraient quand il serait nécessaire de
le faire. Dans ce même temps, le vicaire-général
de l'archevêque de Lyon arriva pour lui proposer
de faire faire, pour sa santé, les prières des qua-
rante heures dans l'église de la Visitation ; il répondit qu'il ne le méritait pas. Le vicaire-général insista,
et lui demanda s'il trouvait mauvais qu'on priât Dieu
pour lui. « Au contraire, répondit le saint évêque,
vous me ferez plaisir ; je n'en eus jamais plus besoin. » A l'heure même on fit exposer le saint Sacrement dans toutes les églises, pour demander à
Dieu de rendre la santé au vénérable pontife ; mais
il était un fruit mûr pour le Ciel. Les médecins, reconnaissant que les remèdes ne pouvaient arrêter
les progrès du mal, avertirent qu'il était temps de
lui donner l'extrême-onction. Dieu lui accorda dans
cette occasion une liberté d'esprit qui n'était pas
ordinaire, et qui tient pour ainsi dire du prodige ;
il la reçut avec de grands sentiments de piété, ré-

pondant lui-même aux prières avec une dévotion pleine de tendresse. Comme la présence d'esprit du malade semblait augmenter au lieu de diminuer, on mit en délibération si on lui donnerait le viatique; mais comme il avait dit la messe le jour même, et que le vomissement continuait, on crut qu'on devait s'en dispenser.

Bientôt on n'entendit plus qu'un bruit confus de soupirs et de sanglots. Le pieux prélat s'en étant aperçu : « Ne pleurez pas, mes enfants, leur dit-il ; ne faut-il pas que la volonté de Dieu s'accomplisse ? » Après cela il fut quelque temps sans parler, ce qui obligea un de ses domestiques de lui dire : « Monseigneur, dites-nous quelque chose.—Vivez en paix les uns avec les autres, répondit François ; mais aimez Dieu sur toutes choses. » Il se tut encore ; mais comme il importe beaucoup dans ces sortes de maux de tenir les gens éveillés, quelqu'un s'avisa de lui dire qu'il eût bon courage, et qu'on espérait de le voir un jour assis sur son siége dans l'église même de Genève. Le Saint, à qui les idées de grandeur et de faste n'avaient jamais plu, répondit avec son humilité ordinaire : « Je n'ai jamais désiré le trône de ceux de Genève ; mais pour leur salut, pour leur conversion, ô mon Dieu, je vous l'ai toujours demandée, et je vous la demande encore de tout mon cœur. » Un autre s'avisa plus à propos de le faire ressouvenir de ses chères filles de la Visitation, et de lui demander s'il n'avait rien à leur recommander. « Non, dit-il ; mais j'espère que Dieu tout-puissant, tout bon et tout miséricordieux, achèvera ce qu'il a commencé. »

Le mal augmentant toujours, on perdit enfin l'es-

pérance qu'il en pût guérir ; ce qui obligea le Père
Ferrier, jésuite, qui ne l'avait point quitté, de l'exhorter à faire la prière de saint Martin : « Seigneur,
si je suis encore nécessaire à votre peuple, je ne
refuse pas le travail. » La profonde humilité du
saint prélat parut blessée de ce qu'on le comparait
à un si grand homme, à qui pourtant il ressemblait
si fort, qu'il n'y avait que lui seul qui ne le reconnût pas. C'est pourquoi, au lieu de faire cette prière,
il répéta plusieurs fois qu'il était un serviteur inutile, dont Dieu ni son peuple n'avaient besoin.
Il n'en usa pas de même lorsqu'un autre jésuite lui
suggéra de dire : « Saint, Saint, Saint est le Seigneur,
le Dieu des armées ; toute la terre est remplie de
sa gloire. » Il le répéta plusieurs fois ; mais on s'a-
perçut que l'idée de la grandeur, de la sainteté et
de la majesté de Dieu l'avait tellement pénétré,
qu'il en était comme accablé. Il perdit la parole,
et l'on ne s'aperçut plus qu'il vivait encore, qu'au
mouvement de ses lèvres et de ses yeux qu'il levait de temps en temps au ciel.

Tout le monde se mit alors en prière pour lui
faire la recommandation de l'âme ; et quand on en
fut à ces paroles des litanies des Saints, *Saints Innocents, priez pour lui*, François leva pour la dernière fois les yeux au ciel, et rendit à Dieu son
esprit pur et innocent avec le même calme avec lequel il avait vécu. Sa mort arriva le 28 décembre 1622, fête des Innocents, dont il avait imité la
pureté, à huit heures du soir : il était dans la cin-
quante-sixième année de son âge et la vingtième de
son épiscopat.

Les sentiments que manifesta ce saint évêque

dans les dernières heures de sa vie, montrent qu'il avait bien plus souhaité la mort qu'il ne l'avait appréhendée; et certainement, après avoir imité la charité du grand Apôtre pendant sa vie, c'eût été une chose étrange qu'il fût mort dans d'autres sentiments que les siens. En effet, si saint Paul a pu dire que Jésus-Christ était sa vie; qu'il regardait sa mort comme un profit et comme un gain, et qu'il souhaitait la dissolution de son corps pour pouvoir être avec Jésus-Christ, y a-t-il lieu de s'étonner qu'un homme apostolique comme saint François de Sales ait fait paraître si peu d'amour pour la vie, si peu de crainte de la mort, et des désirs si ardents d'être enfin réuni à la source de tous les biens, au même Dieu qu'il avait aimé avec tant d'ardeur et qu'il avait servi avec tant de fidélité?

Il est vrai que la justice de Dieu a quelque chose de terrible, et qu'on ne doit jamais se croire assez pur pour n'avoir pas lieu de la craindre; et quoi qu'on ait pu faire pour Dieu, on doit se regarder toujours, ainsi que faisait le saint prélat, comme un serviteur inutile : l'espérance qui doit animer les chrétiens irait jusqu'à la présomption, s'ils se croyaient dignes de la récompense que Dieu a préparée à ceux qui l'aiment. Mais la charité, qui fait désirer la mort afin d'être uni à Dieu d'une manière qui ne permette pas qu'on en soit séparé, se concilie fort bien avec la crainte qu'on doit toujours avoir de sa justice : d'ailleurs la bonté infinie de Dieu, ses miséricordes qui sont sans bornes, les mérites de Jésus-Christ qui nous a aimés jusqu'à mourir pour nous, sont des fondements si légitimes d'espérer pour une âme pure et dégagée du monde, qu'il est rare que le désir ne l'emporte pas sur la crainte. On craint donc, on espère et on désire; mais, dans les saints d'une charité consommée, l'espérance et le désir l'emportent enfin sur la crainte; et c'est ce qui faisait dire au saint prélat : « O mon Dieu, venez à moi, ou commandez que j'aille à vous : tirez-moi de cette vallée de larmes, et je courrai après l'odeur de vos parfums! »

Dès qu'on fut assuré de sa mort, on l'emporta pour l'embaumer. Ce fut alors qu'on s'aperçut de ce qu'on a déjà dit, que cette grande douceur qu'on a si fort admirée en lui ne lui était pas naturelle ; car on trouva son fiel durci et partagé en plusieurs petites pierres, par la violence continuelle qu'il s'était faite pour surmonter la colère, à laquelle il était naturellement sujet. Ses habits et le linge qui était teint de son sang furent partagés entre plusieurs personnes de considération, qui les reçurent avec beaucoup de respect, et les conservent encore aujourd'hui comme de précieuses reliques. Le duc de Nemours demanda une médaille qu'il portait toujours sur lui; on envoya sa croix au prince de Piémont, et son anneau à la princesse son épouse. Son cœur fut mis dans un vase d'argent, et porté solennellement, accompagné d'un grand nombre de flambeaux, au monastère de la Visitation de Belle-Cour à Lyon: quelques jours après on le plaça dans une boîte de plomb, et ensuite dans un reliquaire d'argent.

Son corps ayant été embaumé, on le revêtit des habits pontificaux. Alors le bruit de sa mort s'étant répandu, on accourut de tous côtés pour lui donner des marques de l'estime qu'on faisait de sa sainteté

pendant sa vie. Le peuple venait en foule baiser
avec dévotion ses vêtements, y faire toucher des mé-
dailles et des chapelets, même du linge. Le concours fut si grand et dura si longtemps, qu'on eut
toutes les peines du monde à porter le corps à l'é-
glise de la Visitation. Il y fut exposé sur un lit de
parade, où il resta deux jours, pendant lesquels on
fit l'oraison funèbre et les prières accoutumées. On
le mit dans un cercueil, et tout était prêt pour le
porter en Savoie, lorsque l'intendant de la province,
à la prière des habitants de Lyon, qui ne pouvaient
souffrir qu'on leur enlevât ce précieux dépôt, vint
défendre, de la part du roi, de passer outre avant
qu'on eût reçu de nouveaux ordres de Sa Majesté.

Cette opposition obligea la maison de Sales, qu'on
en instruisit, d'en écrire au duc de Savoie, et ce
prince envoya aussitôt un exprès au roi très-chrétien, avec une copie du testament du saint prélat,
qui portait expressément que son corps serait enterré à Annecy, dans l'église de la Visitation. Il ne
fallait pas une moindre intercession que celle d'un
si grand prince, ni une preuve moins notoire des
dernières volontés du vénérable évêque, que son
testament en bonne et due forme, pour obliger Sa
Majesté à consentir que son royaume fût privé d'un
gage aussi précieux : il envoya des ordres exprès
pour en permettre le transport. Dès qu'on en eut
reçu la nouvelle à Annecy, le chevalier de Sales,
accompagné de plusieurs parents et de deux chanoines de la cathédrale de Genève, se rendit à Lyon ;
et dès que le jour marqué pour la cérémonie fut
arrivé, le vicaire général, suivi d'une grande partie
du clergé, se rendit à l'église de la Visitation faire

la levée du corps, et le conduisit assez loin hors de la ville; les Lyonnais ne pouvaient se consoler de se voir privés des restes d'un Saint qui les avait si souvent honorés de sa présence durant sa vie, et ils les accompagnèrent aussi loin que le clergé. Pendant le chemin, les habitants des villes, des bourgs et des villages accouraient en foule et se joignaient au cortége; et le clergé, sans y être invité, l'accompagnait d'une paroisse à l'autre.

Dès que le corps fut à la vue d'Annecy et que le son de toutes les cloches eut averti qu'il approchait, on entendit un gémissement universel par toute la ville. Il n'y avait personne qui ne crût avoir perdu en lui ce qu'il avait de plus cher; les pauvres surtout, qui avaient toujours fait le principal objet de ses soins, ne pouvaient se consoler en pensant qu'ils avaient perdu leur père, leur protecteur et leur appui. Lorsque le corps fut proche de la ville, l'évêque de Chalcédoine, frère et successeur du saint prélat, vint au-devant, suivi du clergé et du peuple, tous les yeux pleins de larmes et donnant à l'envi les marques de la plus vive douleur. On le laissa deux jours en dépôt dans l'église du Saint-Sépulcre, pendant qu'on préparait la pompe funèbre. Quand tout fut prêt, on le porta dans l'église de Saint-François, qui sert de cathédrale. L'évêque de Chalcédoine célébra la messe; et après qu'on eut prononcé l'oraison funèbre et achevé la cérémonie, on porta le saint corps à l'église du premier monastère de la Visitation à Annecy, et on l'y enterra près du grand autel, à droite, contre la muraille. Dans la suite, on lui éleva un magnifique tombeau, avec des inscriptions, pour conserver un éternel souvenir des vertus du vénérable évêque, et de cette sainteté éminente que Dieu couronnait dans le ciel, lorsqu'il l'honorait sur la terre par un grand nombre de miracles.

Pendant que les choses que l'on vient de raconter se passaient à Lyon, la mère de Chantal était à Grenoble, d'où elle devait aller, par l'ordre du saint prélat, à Belley et à Chambéry. Comme elle priait pour lui le jour des Innocents, qui fut celui de sa mort, elle entendit une voix qui lui dit très-distinctement : « Il n'est plus. » Elle expliqua ces paroles dans un sens figuré. « Il n'est plus, dit-elle, il est vrai, ô mon Dieu ! il ne vit plus pour lui-même ; mais il vit pour vous, et pour me faire vivre en vous. » Comme elle n'avait rien appris de sa mort, ni même de sa maladie, elle ne réfléchit pas davantage sur ces paroles. Quelques jours après elle reçut une lettre de l'évêque de Chalcédoine, qui lui apprenait la perte commune qu'ils venaient de faire. Elle comprit alors le véritable sens de ces paroles : « Il n'est plus. » Pendant quelque temps sa douleur fut extrême ; mais, rappelant aussitôt dans son esprit tout ce qu'elle avait entendu dire au saint prélat sur la soumission à la volonté de Dieu, elle crut ne pouvoir mieux honorer sa mémoire qu'en pratiquant ses maximes et en exécutant ses dernières volontés. Ainsi elle partit quelques jours après pour Belley et pour Chambéry, d'où elle se rendit à Annecy pour donner ordre à la pompe funèbre.

Ayant satisfait à ce devoir avec la grandeur d'âme qui lui était naturelle, elle s'appliqua avec beaucoup de travail à recueillir tous les écrits de ce saint évêque, et c'est à elle qu'on a l'obligation de ce que ses lettres, ses méditations, ses entretiens, ses sermons et son excellent livre *de l'Amour de Dieu* ont été rendus publics. Elle fit écrire ensuite les mémoires de la vie du saint prélat, et travailla dès lors sans relâche à rassembler les preuves de ses miracles avec tant d'application et de succès, qu'on peut dire que l'Ordre de la Visitation lui a obligation de la canonisation de son saint fondateur.

Après avoir ainsi donné tout ce qu'elle croyait devoir à la mémoire de ce grand évêque, elle crut ne pouvoir rien faire de mieux que de régler en toutes choses, suivant son esprit et ses maximes, pour l'intérieur et pour l'extérieur, l'Ordre qu'ils avaient établi ensemble. Dans cette vue, elle convoqua à Annecy toutes les anciennes supérieures de l'institut. Elles recueillirent avec soin tout ce que le saint évêque avait écrit pour la direction et la perfection de l'Ordre, et elles en composèrent un livre qu'elles appelèrent le *Coutumier*. La mère de Chantal ne voulait point avoir d'autre part à cet ouvrage, qu'une grande attention à n'y laisser rien mettre qui ne fût de leur saint fondateur, soit sur des mémoires de sa propre main, soit pour avoir pratiqué sous sa conduite les maximes qu'elle mettait en règle.

Enfin cette sainte femme, après avoir donné à l'Ordre de la Visitation mille exemples de vertu, après avoir établi soixante-quinze monastères, pendant les dix-neuf ans qu'elle survécut au saint évêque, après avoir paru en toutes choses sa digne fille spirituelle et sa fidèle disciple, mourut à Moulins en odeur de sainteté le 13 décembre 1641. Son corps fut porté à Annecy, et enterré dans l'église du premier monastère de la Visitation.

Avant sa mort, elle eut la satisfaction de voir la sainteté du bienheureux prélat autorisée de Dieu par plusieurs miracles qui se faisaient à son tombeau et ailleurs par son intercession. En France, il ne s'en faisait pas de moindres par l'attouchement de son cœur, qui était resté à Lyon au monastère de la Visitation de Belle-Cour, où on le conserve encore avec beaucoup de vénération. Quelque temps après sa mort, le duc de Vendôme fit présent à ce monastère d'un cœur d'or pour y renfermer celui du saint évêque, en reconnaissance de plusieurs faveurs qu'il avait obtenues de Dieu par son entremise. En 1630, huit ans après la mort du Saint, Louis XIII, ayant été guéri d'une dangereuse maladie par l'application de ce saint cœur, fit présent à ce même monastère d'un cœur plus grand que celui dont on vient de parler, pour être une marque perpétuelle de sa reconnaissance et du crédit de ce grand Saint auprès de Dieu. La feue reine mère, Anne d'Autriche, son épouse, a souvent témoigné que la France lui était redevable de la conservation de Louis le Grand, et que c'était par ses prières qu'il avait été guéri d'une petite vérole très-dangereuse.

Un grand nombre de miracles ayant acquis à François de Sales la vénération des peuples, ils accouraient en foule à son tombeau, et l'invoquaient publiquement comme un saint. Tels furent les motifs qui portèrent l'Ordre de la Visitation à s'adresser au Pape pour demander sa béatification. Sa Sainteté nomma aussitôt des commissaires pour informer de la vie et des miracles de ce grand évêque. Cette information se fit avec de si extrêmes précautions, que l'on peut dire que ce qui dépend du témoignage des hommes ne peut jamais être certain, si les miracles qui y sont attestés ne sont pas vrais. Avant que cette information fût achevée, Innocent X, qui l'avait ordonnée, mourut. Le cardinal Fabio Chigi lui ayant succédé, sous le nom d'Alexandre VII, on recommença les sollicitations. On avait d'autant plus lieu d'en bien espérer, que le nouveau Pape pouvait offrir lui-même des preuves authentiques de la sainteté de l'évêque de Genève; car ce même Pape étant à Munster, en qualité de plénipotentiaire, l'année qui précéda son exaltation, y avait été guéri d'une dangereuse maladie par l'intercession de François de Sales, et il avait reconnu lui-même qu'il devait à ses prières la santé qu'il avait recouvrée, en envoyant une somme considérable à Annecy, pour contribuer au bâtiment de l'église où son corps était enterré, et il avait même promis de contribuer de tout son pouvoir à sa béatification quand il serait à Rome.

Ces avances donnèrent lieu à la duchesse de Montmorency, qui s'était retirée à Moulins dans le monastère de la Visitation, de lui écrire après son élection pour le faire souvenir de sa parole. Elle le fit aussi solliciter par plusieurs cardinaux; mais le Pape en était bien plus vivement sollicité par sa propre reconnaissance, et par les preuves indubitables et personnelles qu'il avait lui-même de la sainteté de l'évêque de Genève et du bonheur dont il jouissait dans le ciel. Ainsi, sans attendre que les cinquante ans qui se passent d'ordinaire depuis la mort d'un saint jusqu'à sa béatification fussent écoulés, il le béatifia neuf ans plus tôt, le 28 décembre 1661.

Alors on tira du tombeau le corps du bienheureux prélat; et on le mit sur l'autel, dans une riche châsse d'argent, dont la duchesse de Savoie, Christine de France, avait fait présent. On espérait que la canonisation se ferait l'année suivante; mais comme tout se fait à Rome avec beaucoup de maturité, il se passa trois ans sans que cette affaire avançât. Ce fut ce qui obligea le roi très-chrétien, les reines sa mère et son épouse, la reine douairière d'Angleterre, Leurs Majestés polonaises, la duchesse de Savoie, le duc et la duchesse de Bavière, d'écrire au Pape pour le prier instamment de vouloir bien prononcer la canonisation. L'assemblée du clergé de France, les ordres religieux, les parlements, les gouverneurs des provinces joignirent leurs instances aux leurs; et, afin d'y donner plus de poids, le roi envoya à Rome les évêques d'Évreux et de Soissons, pour y solliciter en son nom, conjointement avec le duc de Créqui, son ambassadeur, la canonisation du bienheureux évêque de Genève.

Une sollicitation si générale acheva de déterminer le Pape: ainsi, après les formalités et les cérémonies accoutumées, le dimanche 19 avril 1665, François de Sales fut canonisé avec beaucoup de solennité, et le Pape ordonna que sa fête fût célébrée dans l'Église le 29 janvier de chaque année, sous le titre de *confesseur pontife*.

Le souverain Pontife joignit un étendard fort riche à la bulle de la canonisation qu'il envoya aux religieuses de la Visitation d'Annecy. D'un côté de cet étendard on voyait le saint prélat représenté de sa grandeur naturelle, en habits pontificaux, et de l'autre en habit de chanoine, tel qu'il le portait lorsqu'il était prévôt de Genève.

L'année suivante, le même Pape envoya à son tombeau une croix et six chandeliers d'argent, d'un poids et d'un travail extraordinaires, et y joignit un bref adressé aux religieuses de la Visitation d'Annecy : c'est un autre éloge du Saint. Il y dit, entre autres choses, que la sagesse et les vertus de ce saint prélat répandent une lumière salutaire dans toute l'étendue du monde chrétien ; qu'après en avoir été éclairé dès ses premières années, et avoir admiré d'abord son mérite éclatant et sa doctrine toute divine, il l'a choisi comme son principal guide et son maître, pour le diriger dans les routes qu'il devait suivre pendant sa vie ; enfin il répète encore, dans la suite, que ses vertus héroïques et ses écrits salutaires sont comme autant de flambeaux ardents qui portent le feu et la lumière dans toutes les parties de l'Église.

A ces éloges du souverain Pontife, on pourrait ajouter tout ce que les plus grands hommes de notre siècle ont écrit à la louange de ce saint évêque ; mais comme ce serait passer les bornes d'une histoire, on se contentera de dire qu'il est peu de saints dans l'Église plus généralement respectés. De toutes les parties de l'Europe, on accourt tous les jours à son tombeau. La réputation de sa sainteté a passé même dans les Indes occidentales, dont des peuples entiers l'ont choisi pour protecteur auprès de Dieu.

Les précieux restes de saint François de Sales et ceux de sainte Chantal échappèrent aux profanations révolutionnaires. C'est à quatre habitants d'Annecy qu'on en doit la conservation : leurs noms méritent d'être cités avec honneur : ce sont MM. Burquier, Amblet, Rochette et Balleydier. En 1804, Mgr de Mérinville, alors évêque de Chambéry, reconnut et vérifia les reliques. En 1806, Mgr Dessoles, successeur de Mgr de Mérinville, en fit la translation, qui eut lieu, pour saint François de Sales, le 28 mai, et pour sainte Chantal le 29. On les déposa, celles de l'évêque de Genève dans l'église de Saint-Pierre, et celles de la mère spirituelle des religieuses Visitandines dans l'église de Saint-Dominique, dite alors de Saint-Maurice, les seules ouvertes en cette ville pendant la domination française.

Le siége épiscopal d'Annecy fut rétabli presque en même temps que le royaume de Sardaigne. Au couvent de la Visitation, détruit pendant les orages politiques, succéda un nouveau couvent, monument de la pieuse munificence de la reine alors régnante, qui affectionnait beaucoup cet institut. Dès le moment où l'on en commença la construction, on eut l'intention de placer dans l'église les reliques des deux saints fondateurs de l'Ordre.

La nouvelle translation, fixée au 21 août 1826 pour celles de saint François de Sales, attira une affluence extraordinaire : à la présence du roi et de la reine de Sardaigne, de leur cour et d'une foule d'étrangers, se joignit celle d'un nombreux clergé, tant de la Savoie que des pays voisins, venus tous à Annecy pour assister à cette belle solennité. On y comptait onze prélats, parmi lesquels on remarquait Mgr de Quélen, archevêque de Paris, que Mgr l'évêque d'Annecy invita à faire la cérémonie du lendemain. Les décorations des rues, les illuminations, la musique, tout dès la veille annonçait la fête. Les maisons, les rues, les places étaient ornées de guirlandes et de drapeaux semés de croix blanches ; et des arcades de verdure s'élevaient de distance en distance. La longue rue qui mène au monastère de la Visitation s'était changée en une grande allée, et les sapins de ces montagnes que saint François de Sales avait parcourues tant de fois, avaient été transplantés pour venir ombrager ses reliques.

On ne saurait dire tout ce qui était accouru le matin des montagnes. Ce n'était point pour ce peuple un vain spectacle ni une simple curiosité ; c'était pour les bons Savoyards un pieux empressement à célébrer la fête de leur compatriote et de leur évêque. Ils se prosternaient devant les restes du saint prélat, et semblaient heureux de le posséder encore au milieu d'eux. Le roi ne pouvant suivre la procession, à raison de sa difficulté à marcher, se rendit dès le matin au couvent de la Visitation, pour y voir le cortége et assister à la cérémonie. Une pluie qui était survenue le matin ayant cessé, la procession se mit en marche. Tout le clergé suivait la croix du chapitre : environ quatre cents ecclésiastiques étaient en surplis, les chanoines en camail, et ceux d'Annecy en chape. La châsse était portée par huit prêtres en dalmatiques : quatre prélats tenaient les cordons, MM. les archevêques d'Amasie (Mgr de Pins, administrateur du diocèse de Lyon) et de Chambéry, et MM. les évêques du Puy et de Maurienne. Douze ecclésiastiques jetant des fleurs et douze thuriféraires précédaient la châsse. Des deux côtés, MM. les évêques de Lausanne (résidant à Fribourg), de Tarentaise, de Belley, de Pignerol et d'Annecy, et l'abbé mitré de Saint-Maurice dans le Valais, enfin le prélat officiant avec la crosse et la mitre. C'est au milieu de cette pompe que la châsse fut transportée de la cathédrale à la nouvelle église de la Visitation, où elle fut placée derrière le grand autel. La procession avait fait tout le tour de la ville au milieu d'une foule immense. Mgr l'archevêque de Paris célébra, avec autant de dignité que de piété, la grand'messe. Le soir, à cinq heures, on retourna à l'église, où Mgr Rey, évêque de Pignerol, prononça le panégyrique du Saint : il traita ce beau sujet avec une véritable onction et un grand talent. Mgr l'archevêque de Paris donna le salut, auquel le roi et la reine assistèrent ainsi que leur suite. Le recueillement du prince pendant toutes les cérémonies formait lui seul un spectacle édifiant, et toute cette journée offrit l'image de cette piété tendre dont saint François de Sales avait autrefois donné le modèle dans ces mêmes lieux.

La translation des reliques de sainte Chantal suivit de près celle des reliques du Saint. Le 22 août, à quatre heures du soir, le roi et la reine se rendirent avec leur cour à l'église de Saint-Maurice. On chanta les premières vêpres : Mgr Bigex, archevêque de Chambéry, officia, et plusieurs évêques assistèrent à la cérémonie. Le lendemain, à huit heures du matin, on se réunit à la cathédrale. La procession en sortit dans le même ordre que celle de la surveille, et se dirigea vers l'église de Saint-Maurice, où la châsse était déposée sous le portail, sur une estrade. Le clergé étant arrêté devant l'église, la châsse fut placée au milieu du cortége, qui continua sa marche vers l'église de la Visitation. Le roi et la reine virent passer la procession des fenêtres d'un bâtiment contigu, et descendirent ensuite dans cette église, où la châsse fut déposée dans une chapelle dite de Sainte-Chantal. La messe fut célébrée par Mgr l'archevêque de Chambéry, et le panégyrique prononcé par M. d'Arsine, chanoine d'Annecy. Le clergé était moins nombreux que le 21, et l'affluence du peuple était aussi moins considérable, mais la cérémonie fut également fort édifiante.

Le roi fit présent aux religieuses de magnifiques vases sacrés en vermeil, et d'un superbe tapis pour le sanctuaire. Les dames de la Visitation de Pignerol envoyèrent une belle lampe d'argent.

FIN.

TABLE

DES MATIÈRES CONTENUES DANS CE VOLUME.

———⊷⊶———

LIVRE PREMIER.

LIVRE DEUXIÈME.

LIVRE TROISIÈME.

LIVRE QUATRIÈME.

LIVRE CINQUIÈME.

LIVRE SIXIÈME.

LIVRE SEPTIÈME.

FIN DE LA TABLE.

Tours. — Imp. Mame.

www.ingramcontent.com/pod-product-compliance
Lightning Source LLC
Chambersburg PA
CBHW070802270326
41927CB00010B/2252